JN101297

M&A保険入門

表明保証保険の基礎知識 ［改訂版］

山本　啓太 _{弁護士}
関口　尊成 _{弁護士・ニューヨーク州弁護士}　　著

保険毎日新聞社

Mergers & Acquisitions

改訂にあたって

初版から約3年で第2版を出すことができました。

この3年で表明保証保険を巡る環境は大きく変わりました。

初版を執筆していた頃は、国内向けの表明保証保険の発売前であったため、主に海外の表明保証保険の実務を参考にしていました。その後、国内向けの表明保証保険が発売されたことに伴い、日本の保険会社も、積極的に表明保証保険を引き受けるようになり、国内M&Aに係る表明保証保険の知見も、徐々にですが、集積してきています。そこで、第2版では、できる限り国内向けの表明保証保険の実務を追記するとともに、保険会社が実際に使用する国内向けの表明保証保険の特約を収録するなど、より実践的な内容としました。

最近、中規模の国内M&Aにおいても、表明保証保険が必ずといっていいほど話題に上がるようになりました。ただ、実際に表明保証保険を付けるまでに至るケースは多くはないという印象があります。その一因として、表明保証保険の内容がよくわからないからといった声も聞きます。そこで、第2版でも、「わかりやすく表明保証保険の内容および実務を紹介する」よう、心掛けました。

第2版も引き続きご担当いただきました株式会社保険毎日新聞社井口成美氏をはじめとして、表明保証保険の実務でかかわりのある皆様に、改めて感謝申し上げます。

最後にですが、本書が表明保証保険のさらなる理解と発展に役立ち、ひいてはM&A取引の一助になれば、存外の喜びです。

2023年12月

山本　啓太

関口　尊成

はじめに

　日本においても M&A 取引が経営戦略の手法として当たり前のものとなってきました。この間、さまざまな M&A 手法が開発され、利用されています。

　M&A 取引にはさまざまなリスク、たとえば、買収後に、巨額の簿外債務が発覚したり、重要な許認可違反が判明したりすることもあります。これらのリスクをできる限り回避するため、買主は、弁護士などの専門家に依頼し、買収対象会社についてデュー・ディリジェンスを行い、リスクの可視化に努め、可視化できなかったリスクについては、売主に表明保証をさせるなど、さまざまな手法を駆使して、M&A 取引のリスクヘッジを試みてきました。一方、売主も、自ら把握していないリスクまで負担したくはありませんので、表明保証することを拒否し、ディールがブレイクすることもあります。

　そこに表明保証保険（M&A 保険）が登場しました。デュー・ディリジェンスによっても当事者間で把握できなかったリスクのヘッジ方法として、第三者である保険会社がリスクを負担するというのは、当事者の納得が得られやすい解決策といえます。こうした表明保証保険は、保険文化が長い欧米において開発され、発展してきました。

　日本においても、近時、クロスボーダー M&A 取引においては表明保証保険の購入を検討することが多くなってきましたが、国内の M&A 取引においてはほとんど利用されていませんでした。しかし、日本人は、世界の中でも保険好きの国民として知られています。M&A 取引のリスクテイカーとして保険会社が加わることにより、当事者の M&A 取引リスクが低減し、M&A 取引がより促進されることが期待されます。今般発売された国内向け表明保証保険の動向にも注目が集まっています。

　本書は、海外の表明保証保険の実務を参考に、わかりやすく表明保証保険

の内容および実務を紹介しようと努めたものです。M&Aアドバイザー、表明保証保険を検討している事業会社の担当者、表明保証保険業務に携わることになった保険会社の担当者を主な読者として想定しています。

また、M&A取引にあまり馴染みがない方のために、表明保証保険を理解するうえで必要な範囲で、「Ⅰ　M&A概説」と「Ⅱ　表明保証条項」においてM&A取引および株式譲渡契約についても解説しています。これらのことをご存知の方は、「Ⅲ　表明保証保険（M&A保険）」からお読みください。

本書の執筆にあたっては、多くの方にご協力いただきました。特に稲田行祐弁護士（株式会社タイムマシーンアンダーライターズ）、北代泰久氏（ウイリスジャパンサービス株式会社）、北村卓也氏（AIG損害保険株式会社）、橋本道雄氏（マーシュジャパン株式会社）、葉山弘盛氏（エーオンジャパン株式会社）からは貴重なコメントをいただきました。なお、当然ですが、本書記載の内容については著者が責任を負うものです。また、本書を担当してくださいました株式会社保険毎日新聞社の井口成美氏からは著者の無理なお願いにもご対応いただき、本当に感謝しています。

日本における表明保証保険の実務は始まったばかりですが、本書が、表明保証保険の理解に役立ち、ひいてはM&A取引の一助になれば、望外の喜びです。

2020年12月

山本　啓太

関口　尊成

凡　例

●本書が対象とする表明保証保険および M&A 取引

　　表明保証保険には、売主用保険および買主用保険がありますが、一般的に用いられるのは買主用保険です。また、表明保証保険は、M&A 取引の中でも、株式譲受けに付保されるのが一般的です。このため、本書では、特に断らない限り、表明保証保険としては買主用保険を、M&A 取引として株式譲渡契約を対象として、解説します。

●裁判例および判例集等は以下の表示を用います。

東京地判平成18年1月17日	東京地方裁判所平成18年1月17日判決
判時1920号136頁	判例時報第1920号136頁
民集	最高裁判所民事判例集
判時	判例時報
判タ	判例タイムズ

目　次

4 保険金請求・支払い ———————————————— 137

5 その他 ———————————————————————————— 154

Ⅳ　資　料　157

I

M&A 概説

Question

Q1　M&A 取引とは何ですか。

A
Answer

M&A 取引とは、会社または事業の支配権を取得することを目的として行われる取引です。当該支配権を取得する方法としては、株式譲受け、公開買付け、第三者割当て、事業譲受け、会社分割、株式交換、株式移転、合併という手法があります。

解　　説

1　M&A 取引とは

　M&A 取引とは、Mergers and Acquisitions（合併および買収）の略で、会社または事業の支配権を取得することを目的として行われる取引をいいます。当該支配権の取得は、株式譲受け、公開買付け、第三者割当て、事業譲受け、会社分割、株式交換、株式移転、合併という手法によって行われます。

2　M&A 契約

　上記に挙げた手法に対応する主な契約は、以下のとおりです。

■主な M&A 契約■

M&A 取引手法	主な M&A 契約等
株式譲受け	株式譲渡契約[1]
公開買付け	公開買付けは、上場会社の不特定多数の株主から株式を買い付けるものであるため[2]、株主と公開買付者の間で契約は締結されません。もっとも、大株主と公開買付者の間では公開買付けについて別途合意していることがあり、その場合、当該合意を内容とする応募契約が締結されることがあります。
第三者割当て	株式引受契約[3]
事業の譲受け	事業譲渡契約
会社分割	会社分割契約
株式交換	株式交換契約
株式移転	株式移転計画

1）Share/Stock Purchase Agreement を略して、SPA と呼ばれることがあります。

2）上場会社（正確には有価証券報告書提出会社）の不特定多数の株主に対し、買付期間、買付数量、買付価格等を公告等し、通常の証券取引所を経由せず、直接、市場外で、株式の買付けが行われます。

3）出資契約または投資契約といわれることもあります。株式引受契約とともに株主間契約が締結されることもあります。

Question

Q2　M&A 取引の基本的な流れについて教えてください。

A

M&A 取引は、基本的に、①秘密保持契約締結→②基本合意・意向表明（MOU・LOI）→③デュー・ディリジェンス→④株式譲渡契約締結（サイニング）→⑤取引実行（クロージング）という流れで行われます。

Answer

- - - - - - - - - - - - - -
解　　説
- - - - - - - - - - - - - -

1　基本的な流れ

M&A 取引の基本的な流れは、以下のとおりです。

■ M&A 取引の流れ■

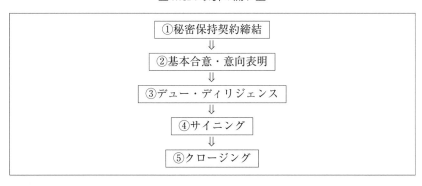

| ①秘密保持契約締結 |
| ⇓ |
| ②基本合意・意向表明 |
| ⇓ |
| ③デュー・ディリジェンス |
| ⇓ |
| ④サイニング |
| ⇓ |
| ⑤クロージング |

　なお、②の基本合意（MOU）・意向表明（LOI）[4] では、買収ストラクチャー、スケジュール、独占交渉権、デュー・ディリジェンス、秘密保持義務、法的拘束力（秘密保持義務等、一定の事項には法的拘束力を持たせるのが通常です）等が規定されます。

2　入札手続の流れ

　上記は相対で譲渡される場合ですが、入札手続が利用されることもあります。入札手続を利用して行われる M&A 取引の基本的な流れは、以下のとおりです。

■入札手続の流れ■

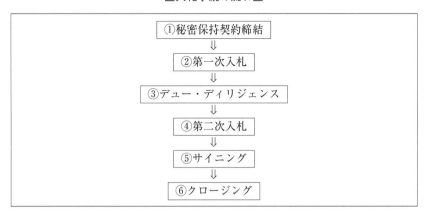

⑴　第一次入札

　第一次入札にあたっては、売主から買主候補に対し、企業概要書[5] という対象会社に関する情報集が提供されます。買主候補は、当該情報集に記載された情報に基づき、対象会社の状況を分析し、プロセス・レター（Process letter）と呼ばれる入札説明書に記載された入札記載要領に基づいて、第一次入札を行います。

　当該要領には、買主候補に対し、買収目的、買収ストラクチャー、スケ

4）MOU は Memorandum of Understanding の略、LOI は Letter of Intent の略です。

5）インフォメーション・メモランダムとも呼ばれます。なお、秘密保持契約締結前は、売主や対象会社の名前を明らかにしないティーザー（Teaser）と呼ばれる、より簡潔な資料が提供されるのが一般的です。

ジュール、譲渡価額、資金調達方法、役職員の処遇、競争法等の規制対応、希望するデュー・ディリジェンス、秘密保持義務等、買主候補の考え方を示すべき項目が記載されます。買主候補は、当該項目について自らの考え方を記載しますが、これらの記載には基本的に法的拘束力は付与されません（ただし、秘密保持義務等、一定の事項には法的拘束力を持たせるのが通常です）。

⑵　第二次入札

　第二次入札において、買主候補は、デュー・ディリジェンスを踏まえ、第一次入札と同様の事項につき、提案することを求められます（たとえば、デュー・ディリジェンスを踏まえた譲渡価額減額要因の項目の明示）。

　また、第二次入札については、法的拘束力のある申入れ（バインディング・オファー［Binding Offer］といいます）を行うよう要求されます。これに対し、買主候補は、当該要求にかかわらず、できるだけ法的拘束力が伴う範囲が限定されるように文言を工夫します。また、当該第二次入札には、買主候補が当該内容で契約締結可能な株式譲渡契約案（売主から示された株式譲渡契約案に修正履歴を付して変更するのが一般的です）を添付します。

　なお、第二次入札で提示された譲渡価額案や株式譲渡契約案が売主にそのまま受け入れられることはなく、これらの事項について当事者間でさらに交渉がなされるのが通常です。

Q3 デュー・ディリジェンスとは何ですか。

A

デュー・ディリジェンスとは、M&A 取引にあたって対象会社の各種リスクを精査するために行われる調査のことをいいます。法務デュー・ディリジェンス、財務デュー・ディリジェンス、税務デュー・ディリジェンスを行うことが一般的ですが、人事デュー・ディリジェンス等が行われることもあります。

Answer

解　説

1　デュー・ディリジェンスとは

　デュー・ディリジェンス（Due Diligence）とは、M&A 取引にあたって対象会社の各種リスクを精査するために行われる調査のことをいいます。DD（ディー・ディー）と略されます。

　法務 DD、財務 DD、税務 DD が典型的ですが[6]、人事 DD、環境 DD、システム DD、ビジネス DD 等が行われることもあります。

2　デュー・ディリジェンスの目的

　デュー・ディリジェンスの目的は、以下のように大きく 3 つあります。

①　対象会社に M&A 取引を行えない事項（ディール・キラー）がないか
②　譲渡価額を減じる事項（デッド・ライク・アイテム）はないか
③　買収後の統合作業（PMI）についての情報収集

　上記①のディール・キラーとしては、多額の簿外債務が存在することが挙げられます。

6）小規模の M&A 取引ではこれらの DD がすべて行われないこともあります。

　上記②のデッド・ライク・アイテムとしては、たとえば、(a)潜在債務（第三者から訴訟を提起されており、敗訴すれば損害賠償責任を負担する等）、(b)対象会社の子会社の（売主以外の）少数株主持分（合弁会社で少数株主持分は対象会社以外の第三者に帰属するのでその分は控除する等）があります。特に、後者(b)は、見落とされることが多いため、注意が必要です。

　上記③の PMI においては、たとえば、対象会社の今後のマネジメントの構成やレポーティング体制を検討します。

3　デュー・ディリジェンスにおける調査手法等

　デュー・ディリジェンスは、弁護士や会計士等の専門家を起用して行われます。デュー・ディリジェンスでは、バーチャル・データ・ルーム（VDR）等で開示された資料を調査したうえ、対象会社の経営陣、担当者等に質問を行い、対象会社に何らかの問題がないかを確認します。工場等について現地調査（サイト・ビジット［Site visit］と呼ばれます）が行われることも多いです。デュー・ディリジェンスの期間は、案件によっても変わりますが、通常は、2～4週間程度が目安になります。

4　デュー・ディリジェンスの結果

　デュー・ディリジェンスの結果は、デュー・ディリジェンス・レポート（DD レポートといいます）と呼ばれるレポートにまとめられ、買主に報告されますので、買主は、DD レポートを基にして、買収可否、譲渡価額、契約条件等を検討します。

5　中小企業におけるデュー・ディリジェンス

　中小企業を対象会社とする M&A 取引では、上記のような流れとは異なり、買主が専門家費用を投じて本格的なデュー・ディリジェンスを行うことなく、売主の数年分の税務申告書の確認および対象会社の経営者へのヒアリング等の調査だけで調査を終えることもあります。

Question

デュー・ディリジェンスにおいて指摘される事項としては、どのようなものがありますか。

- -

Answer

①株券交付履歴不明、②チェンジ・オブ・コントロール条項の存在、③未払残業代等があります。

- - - - - - - - - - -
解　　説
- - - - - - - - - - -

　個別案件ごとに差異がありますが、よく指摘される事項は、以下のとおりです。

■ DD における指摘事項■

分　　野	指摘事項
会社・組織	・組織再編手続の不履行 ・子会社等の倒産手続開始
株式	・株式発行手続の不履行 ・株券喪失 ・株式への担保設定 ・株主移転履歴または移転手続履行不明（株券交付履歴不明等7））
計算書類等	・貸借対照表に記載すべき負債・引当金の不計上 ・貸借対照表に記載すべきでない資産の計上 ・後発事象の存在

7）株券発行会社の場合、株式の譲渡は、株券を交付しなければその効力を生じません（会社法128条 1 項）。

分　　　野	指摘事項
資産 （不動産、動産）	・登記・登録未了 ・法令等による利用制限 ・重要な資産への担保設定
知的財産権	・特許紛争（特許侵害訴訟、無効手続等） ・特許名義が第三者（従業員を含む） ・従業員発明に関する対価の支払不備、職務発明規定の不備
負債	・簿外・偶発債務[8] ・ローン契約に規定された支配権異動条項（当該条項により契約が解除された場合の清算金支払義務等） ・ローン契約に規定された金融機関への事前・事後通知義務
重要な契約[9]	・チェンジ・オブ・コントロール条項[10] ・事前・事後通知義務（M&A 取引の実行を契約の相手方当事者に通知する義務） ・譲渡禁止条項 ・最低購入条項、競業避止義務条項、多額の違約金等、不利な約定
労務	・未払残業代 ・労働基準監督署からの指導、処分 ・年金、社会保険料納付不払い
税務	・税務申告漏れ ・税務当局による課税処分
許認可	・許認可不取得 ・行政処分・指導

8）訴訟等による損害賠償債務、保証債務等が典型的です。

9）顧客、サプライヤーとの契約、システム契約、ライセンス契約、共同開発契約等

10）一方当事者の株主等、当該当事者を支配する者が変動した場合に、相手方当事者に契約解除権等を付与する条項で、Change of Control 条項を略して、CoC 条項とも呼ばれます。

法令等の遵守	・業法不遵守
	・個人情報保護漏洩事故（または管理体制の脆弱さ）
保険	・事業上のリスクヘッジに必要な保険の不付保、不十分
訴訟・紛争	・被告となっている訴訟
	・（紛争になり得る）重クレーム
環境	・アスベスト、PCB 問題
	・土壌汚染、地下水汚染問題
	・環境関連の許認可不取得・法令不遵守・行政処分／指導
関連当事者間取引	・対象会社から売主（オーナー）への金銭貸付け、車両・社宅貸与
反社会的勢力	・反社会的勢力との関係
	・反チェック体制の不備

Question

Q5　売主がデュー・ディリジェンスを行うこともあるのですか。

A

M&A 取引に関する交渉が開始する前に、対象会社の問題点を把握するため、売主が対象会社のデュー・ディリジェンスを行うことがあります。これをベンダー・デュー・ディリジェンスまたはセラーズ・デュー・ディリジェンスといいます。

Answer

解　説

1　ベンダー・デュー・ディリジェンスとは

　M&A 取引に関する交渉が開始する前に、売主側アドバイザー（法律事務所、会計・税務事務所、環境アドバイザー等）を使って、売主自らが対象会社のデュー・ディリジェンス（ベンダー・デュー・ディリジェンス［Vendor Due Diligence］またはセラーズ・デュー・ディリジェンス［Seller's Due Diligence］と呼ばれます）を行うことがあります。

2　メリット

　ベンダー・デュー・ディリジェンスには、以下のメリットがあります。

■ベンダー・デュー・ディリジェンスのメリット■

① 　買主によるデュー・ディリジェンスが行われるのに先立って、対象会社の問題点を把握できます。発見された問題点のうち、(a)治癒できるものについては、治癒してから売却手続に入れるため、買主から問題を指摘され、譲渡価額の減額等、売主に不利な要求がなされるのを予防することができ、(b)治癒できないものについては、買主との交渉方法をあらかじめ準備することができます。

② 　ベンダー・デュー・ディリジェンスで開示された事項について、ディスク

ロージャー・スケジュールに記載する等して、売主の表明保証違反責任を免れることができます。

③　ベンダー・デュー・ディリジェンスの結果は、ベンダー・デュー・ディリジェンス・レポートにまとめられ、買主候補に提供されることがあります。この場合、売主は、買主にまとまった情報を事前に与えることができるため、デュー・ディリジェンスにあたって買主からなされる質問数を制限する等、対象会社に生じるデュー・ディリジェンスの負担を軽減することができます。

欧米では、上記のメリットが広く認識されており、特に、重要な売却案件については、入札手続と合わせてベンダー・デュー・ディリジェンスが行われることが多いです。

他方、日本では、ベンダー・デュー・ディリジェンスはあまり普及していません。

Question Q6　株式譲渡契約における株式の譲渡価額の算定方法を教えてください。

A Answer　代表的な算定方法として、DCF 法、類似会社比較法（マルチプル）、純資産法（時価または簿価）があります。

- - - - - - - - - - - -
解　　説
- - - - - - - - - - - -

1　代表的な算定方法

　代表的な算定方法として、DCF 法、類似会社比較法（マルチプル）、純資産法（時価または簿価）があります。

2　DCF 法

　DCF 法は、企業の今後の業績予測をベースに、将来生み出される新たなキャッシュであるフリー・キャッシュ・フロー（FCF）を予測し、当該予測額を現在価値に割り引いて合計した額を企業価値（EV［エンタープライズ・バリュー］）とするものです。

　たとえば、FCF は、営業利益－税金＋減価償却費－設備投資額－運転資本増加額で算出されます。

　最終的な株式価値（譲渡価額）は、DCF 法を用いて算出された企業価値から、有利子負債[11]を控除し、現金を加算したものとして算定されます。

　企業価値は、株主が払い込んだ資本および債権者が貸し付けた貸付金を運営した結果生み出されるものであるため、株主と債権者に両者に帰属します。株式価値（譲渡価額）は、そのような企業価値のうち株主に帰属する価

11）デュー・ディリジェンスで発見された有利子負債類似の項目（デッド・ライク・アイテム）は、有利子負債と同様に、譲渡価額から控除されます。

値の分ですから、当該株式価値の算定にあたっては、企業価値から債権者に帰属する価値の分（ローン等の有利子負債）を控除する必要があります。

　また、現金は、株主に帰属する価値として、加算されます。

3　類似会社比較法（マルチプル）

　類似会社比較法とは、対象会社に類似した上場会社の企業価値および財務指標から算定した評価倍率（企業価値／財務指標）を基に、対象会社の株式価値（譲渡価額）を算定する手法です。

　実務では、評価倍率を算定するための指標として、EBITDA（イービットダーやイービットディーエーと呼ばれます）を用いた手法（EV／EBITDA 倍率法）が多く用いられます。EBITDA は、earnings before interest, tax depreciation and amortization の略で、税引前利益に支払利息および減価償却費を加えて算出されます。

　中小企業を対象会社とする M&A 取引では、簡易的に「営業利益＋減価償却費」で算定するケースが多いです。また、中小企業は上場会社と比し、株式の流動性が低い点を考慮し、30％程度ディスカウント（非流動性ディスカウント）するケースもあります。

　EV／EBITDA 倍率法では、同一国・同業種の複数の類似の上場企業の株価を参照し、当該株価の EBITDA に対する倍率（マルチプル）の平均値を算出し、対象会社の EBITDA に当該倍率を乗じて企業価値を算出します。

　最終的な株式価値は、DCF 法と同様、EV／EBITDA 倍率法を用いて算出された企業価値から、有利子負債を控除し、現金を加算したものとして算定されます。

4　純資産法（時価または簿価）

　簿価純資産法とは、貸借対照表の純資産を株式価値（譲渡価額）とする手法をいいます。DCF 法や類似会社比較法とは異なり、将来の事業計画や類似上場会社の選定等、複雑な過程を経なくてすむというメリットがありま

す。

　しかし、簿価純資産法には、貸借対照表上の簿価と時価が大幅に乖離して
いたり、簿外資産・負債がある場合等には、対応しきれないというデメリッ
トがあります。そこで、当該デメリットを補完するため、時価純資産法が用
いられることがあります。

　時価純資産法では、貸借対照表の資産・負債を時価評価し（たとえば、棚
卸資産の実在性や評価の妥当性等を検証したうえ、時価で評価します）、また、
貸借対照表に計上されていない簿外資産・負債（保険の解約返戻金、退職給付
債務等）を時価評価して算定した純資産を株式価値とします。

　なお、中小企業 M&A 取引においては、効率化のため、資産・負債のすべ
てを時価評価するのではなく、株式価値の評価への影響が大きく、比較的時
価が把握しやすい不動産や有価証券といった一部の資産・負債のみ時価評価
する「修正簿価純資産法」を用いるケースも多いです。

　純資産法により算定した純資産に、数年分の任意の利益を加算した金額を
株式価値とする場合もあります。加算対象とする利益の種類（税引後利益ま
たは経常利益等）および年数（通常 1 ～ 3 年）は事例ごとに異なり、交渉に
よって決定されます。

株式譲渡契約には、どのような内容が規定されますか。

A

前文・目的、定義、譲渡の基本条件、クロージング、前提条件、表明保証、誓約、補償、解除・終了、一般条項（守秘義務、公表、準拠法、紛争解決方法等）が規定されます。

Answer

- - - - - - - - - - - - -
解　　説
- - - - - - - - - - - - -

　株式譲渡契約では、主に以下の内容が検討されます。

■株式譲渡契約の主な内容■

条 項 名	主な内容
前文・目的	・株式譲渡の目的等
定義	・用語の定義
譲渡の基本条件	・譲渡対象株式 ・譲渡価額（価額調整条項[12] が設けられる場合もあります）
クロージング	・クロージング日、場所[13] ・クロージング手続（株式の権利移転手続、譲渡代金の支払方法等）

12) クロージング後にクロージング時点での貸借対照表を作成し、契約締結時点で譲渡価額の算定で参照した貸借対照表との間での一定の調整項目に基づき、譲渡価額を調整される場合があります。一定の調整項目については、たとえば、①純資産法を用いて譲渡価額を決定した場合には、純資産額、② DCF 法または EV ／ EBITDA 倍率法を用いて譲渡価額を決定した場合には、純有利子負債および正味運転資本が用いられるのが一般的です。また、クロージング後の一定期間の対象会社の業績等（売上高、EBITDA、純利益等）に応じて、譲渡価額の調整（アーンアウトといいます）を行う場合もあります。

13) 当事者またはアドバイザーのオフィスで行われるのが通常です。

条 項 名	主な内容
前提条件	クロージングの前提として、クロージング日までに成就していなければならない条件を規定。前提条件の例は以下のとおり ・表明保証（の重要な点における・軽微でない）違反無 ・誓約義務（の重要な点における・軽微でない）違反無 ・株式権利移転必要行為（株式譲渡承認等）完了 ・企業結合事前届出、許認可手続完了 ・MAC（Material Adverse Change）条項[14]への抵触無 ・必要書類（現役員の辞任届等）[15]の交付完了
表明保証	・売主において、売主および対象会社に関する一定の事実が真実かつ正確であることを表明および保証し、買主において、買主に関する一定の事実が真実かつ正確であることを表明および保証する
誓約	・クロージング前における当事者の誓約（対象会社を通常どおり運営すること等）[16] ・クロージング後における当事者の誓約（競業避義務等）[17]

---

14) 契約締結後クロージングまでの間に対象会社に重大な悪影響を及ぼすような変化が生じた場合のことをいいます。

15) チェンジ・オブ・コントロール条項が規定されている場合、当該条項が規定されている契約の相手方からの当該 M&A 取引に対する同意書（チェンジ・オブ・コントロール条項を行使して契約を解除しない旨等）の取得が規定されることもあります。

16) そのほかに、株式譲渡承認決議取得、企業結合事前届出実行・許認可取得、役員の辞任、チェンジ・オブ・コントロール条項に係る同意書取得等があります。

17) そのほかに、売主による対象会社の役職員等の勧誘禁止義務、雇用維持義務、売主側役員の責任免除、対象会社の商号等の取扱い等があります。

補償	・表明保証違反、誓約違反等があった場合の補償についての取決め
解除・終了	以下の事由があった場合に、一方当事者に解除権を付与（ただし、解除権の行使は、クロージング前にのみ可能と規定されるのが通常）[18] ・解除合意 ・重大な表明保証違反 ・重大な誓約義務違反 ・ロング・ストップ・デート[19] 徒過 ・当事者の倒産 ・MAC条項抵触 ・前提条件成就不可能（解除当事者の責めによらず不可能になった場合）
一般条項	・守秘義務、公表、準拠法・紛争解決方法等

株式譲渡契約書例として、Ⅳ「資料」1 を参照してください。

---

18) 会社は可変性が高いうえ、買主支配下で体制、事業内容等が大きく変更される可能性もあるので、クロージング後に解除して、原状回復させる（契約前の状態に復帰させる）ことは困難かつ不経済です。このため、解除はクロージング前にのみ認められるのが通常です。

19) 確定日（たとえば、株式譲渡契約締結日から3か月後）までにクロージングが発生しない場合に、解除を可能にすることがあり、当該確定日をロング・ストップ・デート（Long stop date）と呼びます。

Question
Q8
M&A 取引を行う際に競争法（独占禁止法）の観点から検討すべき点は何ですか。

- -

A
競争当局（日本では公正取引委員会）への企業結合届出の要否を検討する必要があります。また、特に競業会社を買収する場合、デュー・ディリジェンスにおいて、当該情報に触れる範囲を限定したチーム（クリーン・チーム）の組成を検討する必要があります。

Answer

- - - - - - - - - - - - - -
解　説
- - - - - - - - - - - - - -

1　競争当局への企業結合届出

　M&A 取引を行う際、国内外の競争当局（日本では公正取引委員会）への事前・事後届出を求められる場合があります[20]。

　競争当局に届け出なければならない基準は、国ごとに異なりますが、M&A 取引の当事会社グループの売上規模、資産高、市場シェアという基準のうちの一部または全部が使われるのが通常です。

　注意しなければならないのは、外国の会社が関与しない、日本の会社のみで完結する M&A 取引であっても、当該日本の会社に当該海外法域での一定基準以上の売上等があれば、企業結合届出の対象になり得ることです。こうしたことから、海外での事業を行っているような場合には、日本だけではなく、海外でも、企業結合届出の要否を検討する必要があります。そこで各国別売上規模データ等を分析し、国内外の企業結合届出の要否を検討することになります[21]。

---

20)　英国、オーストラリア、シンガポールのように、競争法についての届出は任意であり、事前、事後にかかわらず、企業結合届出を強制しない国もあります。

　上記の検討を経て、企業結合事前届出（日本では独占禁止法[22]10条2項等）を行った場合、一定の審査期間（当事者にとっては待機期間）が置かれ、当該審査期間内は、株式取得、合併等の企業結合行為を行えません（待機義務）[23]。

2　株式譲渡契約への反映

　企業結合事前届出を行わなければならない場合、株式譲渡契約において、買主が当該事前届を行うことを約束し、競争当局のクリアランス[24]が取得されること（または問題なく待機期間が満了したこと）を株式譲渡実行の条件にすることが通常です。

　競争当局のクリアランスを前提条件とした場合、クリアランスが下りないといつまでも取引実行（クロージング）できません。そこで、売主は、買主に対し、ヘル・オア・ハイ・ウォーター（Hell or High Water）条項を株式譲渡契約に規定するように要求することがあります。当該条項は、競争当局から問題解消措置等の要求があった場合には、すべてそのとおり応諾し、可及

---

21) 国によっては基準値の設定が低いため、形式的には事前届出基準に該当してしまう場合があります。この場合、当該当局の活動状況（ほとんど活動していない国もあります）等も考慮し、事前届出をしないという判断がなされる場合もあります。

22) 私的独占の禁止及び公正取引の確保に関する法律

23) EU等のように、こうした企業結合行為そのものだけではなく、審査期間（待機期間）内において、企業結合の前倒し行為とみなされる行為を行うことができないとする規律を持つ国もあります。日本では、企業結合事前届出をせずに、実質的に企業結合が行われたケースで、公正取引委員会が注意を行った事例がありますが、そこまで強い規律は及ぼされていません。

　http://curia.europa.eu/juris/document/document.jsf?text=&docid=202404&pageIndex=0&doclang=EN&mode=lst&dir=&occ=first&part=1&cid=611409

24) M&A取引に関する事前届出がなされた場合に、競争当局がその競争法上の企業結合規制に照らして審査を行った結果、届出に係るM&A取引の実行を認めるまたは禁止しない旨の判断をする場合の当該判断のことをいいます（経済産業省「海外ガン・ジャンピング規制についての 実態と対策調査報告書」（2018年5月）4頁）。

的速やかに M&A 取引を実行することを買主に義務付ける条項です。

　これに対し、買主としては、当該条項を努力義務に緩和したり、リバース・ブレークアップ・フィー条項（競争当局の承認が得られない場合に、買主が一定金額を支払って、契約を解除できるとするもの）を規定するなどして、当該条項に拘束されないように交渉する対応もあり得ます。

3　クリーン・チーム

　デュー・ディリジェンス中に、カルテル等につながるような情報交換がなされてしまうことを防止するための方策として、当該情報に触れる範囲を限定したチーム（クリーン・チーム）が組成されることがあります。

　最も厳しいケースでは、クリーン・チームの構成員を弁護士に限るというものもありますが、買収対象事業にかかわらない部署の役職員が入るケースもあります。これにより、情報遮断を行い、カルテル等の問題が生じないようにします。

M&A 取引のクロージング後になすべきこととしては何があり
ますか。

A

Answer

ガバナンスおよび計数管理体制の構築、デュー・ディリジェン
ス報告書で指摘された問題点の改善、表明保証条項違反の
チェック等があります。

解　説

1　PMI

　M&A 取引のクロージング後になすべき作業は、買収後の対象会社を自社
グループに統合していく作業です（こうした作業を Post-Merger Integration、
略して PMI といいます）。

　統合作業は、対象会社もメンバーに加えた統合（準備）委員会等を組成し
て行われることもあります。

2　重要な統合作業

　統合作業の対象として重要なのが、企業統治（ガバナンス）および計数管
理体制の構築です。

　前者は、対象会社の今後のマネジメントの構成をどうするか、決裁権限や
レポーティング体制をどのように設計するか等を決定する作業となります。
後者は、会計システムを統合したり、連結決算に取り込むうえで必要な会計
情報の管理体制を構築等する作業です。

　加えて、デュー・ディリジェンスで指摘された問題点を改善することが重
要な作業の1つです。しかし、M&A チームと PMI チームとの間で十分な
情報連携ができておらず、M&A チームが発見した問題点が PMI チームに
引き継がれず、問題点が放置されるケースも多いので注意が必要です。

　また、表明保証違反のチェックも重要です。表明保証違反に対する補償請
求の期間は一定期間に制限されるのが一般的であるため、当該期間を徒過す
る前に、表明保証違反がないかの調査を行う必要があります。

Q10 海外企業の買収の際に注意すべき点としては何がありますか。

A 海外企業の買収の場合、言語、現地法制度等、日本企業の買収
と異なる点が多々ありますが、中でも、SPAの内容、外資・労
働規制・競争法等の規制、送金は、特に重要です。

Answer

解　説

1　海外におけるSPA

　海外におけるSPAには、英国で用いられてきた英国型と米国で用いられ
てきた米国型があります[25]。なお、これはあくまで伝統的な整理であり、
現在では、米国で英国型SPAが用いられることも、英国で米国型SPAが用
いられることもあります。

　米国型SPAでは、クロージング調整（Completion account）方式が用いら
れます。クロージング調整方式では、サイニングからクロージングまでに生
じた純有利子負債、正味運転資本等の変動を調整します。また、表明保証の
時点は、サイニング時とクロージング時とし、MAC条項（サイニングからク
ロージングまでの間に対象会社に重大な悪影響を及ぼす事由が生じた場合に、買
主がSPAを解除等できるとする規定）が定められます。

　英国型SPAでは、ロックドボックス（Locked Box）方式が用いられます。
ロックドボックス方式では、特定の財務諸表の基準日の数値を用いて買収価
格を算定し、その後の調整は行いません。そして、買収価格の基準日（買収
価格の算定に用いられた財務諸表の基準日）の時点で対象会社のオーナーが変

25）海外企業の買収における論点の詳細については、関口尊成ほか『論点解説 クロス
　　ボーダー M&Aの法実務』（商事法務、2023）を参照してください。

わったとみなして、買主は、売主に対し、同時点からクロージングまでの間、買収価格の数％／年で算定された利息を支払わなければならないとされることがあります。また、当該基準日後に、対象会社から売主への現金流出を防止するため、リーケージ（Leakage）条項が設けられ、一部の例外を除き、そうした現金流出が禁止されます[26]。

　ロックドボックス方式は、買収価格を基準日で確定させてしまい、その後の買収価格の減少リスクを負担しない点で、売主有利の方式だといわれています。英国等の欧州では、伝統的に、こうしたロックドボックス方式を含め、売主有利のSPAが用いられており、表明保証の時点がサイニングのみとされたり、前提条件にMAC条項が規定されない等の特色を有しています。

　なお、米国、英国以外の地域では、米国型SPAと英国型SPAのいずれかをベースとしつつ、当該国独自の調整がなされています。

　このように、海外企業の買収においては、普段、日本で慣れ親しんでいるSPAと相違する点がありますので、注意する必要があります。

　なお、SPAの締結方法も、国によって特殊なものがあります。たとえば、ドイツでは、SPAを締結するためには、公証人がSPAの全文を読み上げたうえで、公証人の面前で、署名する必要があります。こうした署名方法の場合には、数時間を要しますので、スケジュール管理に注意する必要があります。

2　外資・労働規制・競争法等の規制

　海外の外資規制としては、米国のCFIUS（対米外国投資委員会）による規制が有名ですが、CFIUS規制は、適用範囲が曖昧で、かつ、米国外の対象

---

26) 日本では、クロージング調整方式も用いられるものの、大型案件であればともかく、中小規模案件では頻繁には用いられていません。特に中小規模案件において、買収価格の調整が行われないSPAの方式が用いられることが多いです。

会社の買収であっても当該対象会社が米国で事業を行っている場合には適用があり得る等、特殊性があります。このため、対象会社が米国事業を行っているような場合には、CFIUS 規制が適用され得るような事業を行っていないか DD によりチェックすることが必要です。

労働規制については、フランスの対象会社を買収する SPA する際に、Social & Economic Committee（CSE）と呼ばれる対象会社の労働者団体との間で、一定期間の協議を前置することが求められることがあります。CSE が反対しても買収は可能ですが、SPA 締結前に、少なくとも 1 か月間協議に費やさなければならず、スケジュール等への影響があります。また、インドネシアでは、買収を行い対象会社の所有者を変更する場合、これに反対する正社員は退職することができ、かつ、通常よりも高額の退職金の支払いを求めることができます。

このように、日本とは異なる規制が適用されるケースがあり、その影響は小さくないため、注意する必要があります。

なお、競争法の観点から検討すべき点は、Q8のとおりです。

3 送 金

海外企業の買収の場合、売主も海外に所在することが多く、その場合、当該売主の送金口座も海外の銀行口座を指定されるのが通常です。しかし、買主の取引銀行（日本）から売主の取引銀行（海外）へ直接送金することができない場合も多く、その場合は、コルレス銀行という中継銀行を経由して送金されることになります。こうした場合、日本での送金指示から海外銀行での着金まで 1 ～ 3 営業日ほど要することも少なくありません。

そこで、買主としては、買主の取引銀行（日本）と相談し、スケジュールどおり、クロージング日に着金するには、いつまでに送金指示を出せばよいか等、円滑に着金するよう事前準備が必要になります。

なお、売主の取引銀行（海外）所在国または近隣国に買主の現地法人があるような場合には、現地法人の現地の銀行口座へ送金しておいたうえ、ク

ロージング日に、当該現地の銀行口座から、売主に送金するという方法も考えられます。

II

表明保証条項

1　表明保証条項

Q11　表明保証とは何ですか。

A

Answer

表明保証とは、株式譲渡契約の一方当事者が、他方当事者に対して、一定の時点において、当該契約に関する事項について、当該事項が真実かつ正確であることを表明し、保証することをいいます。

解　　説

1　表明保証とは

　表明保証とは、株式譲渡契約の一方当事者が、他方当事者に対して、一定の時点において、一定の事項について、真実かつ正確であることを表明し、保証することをいいます。表明保証する事項を規定する条項を表明保証条項といいます。

2　表明保証違反による法的効果

　表明保証によって、表明し、保証した事実について、真実でないまたは不正確であったことが判明した場合（表明保証違反があった場合）には、クロージングが生ずるまでの間であれば、クロージングの前提条件が充足されなかったとして履行を強制されず、株式譲渡契約を解除することも可能です。

　これに対しクロージング後は、表明保証違反について、違反当事者に対する補償請求を通じて、利害関係が調整されます。

3　表明保証の時点（詳しくはQ13）

株式譲渡契約のサイニング日およびクロージング日において、表明保証することが通常です。

4　表明保証の対象（詳しくはQ14）

売主が行うもの（売主および対象会社に関する事項）と、買主が行うもの（買主に関する事項）があります。

売主は、①自身に関し、適切に設立され存続していること、株式譲渡契約の締結および履行権限があること、株式を問題なく保有していること等、②対象会社に関し、計算書類等の正確性、後発事象が存在しないこと、偶発・簿外債務が存在しないこと、公租公課リスク（申告漏れ、追徴課税等）が存在しないこと等について、表明保証します。

買主は、自身が適切に設立され存続していること、株式譲渡契約の締結および履行権限があること等について、表明保証します。

Question

Q12　表明保証にはどのような機能がありますか。

- -

A

Answer

売主と買主の間の情報の非対称性（売主に対象会社の情報が偏在している問題）の解消機能およびリスク分担機能があります。

- - - - - - - - - - - - -
解　　説
- - - - - - - - - - - - -

1　情報の非対称性の解消機能

　買主は、M&A取引に際し、対象会社のさまざまな情報（事業内容、収支、取引関係、労務、潜在債務等）を必要とします。買主は、当該情報を正確に理解しなければ、適正な譲渡価額を設定できません。当該情報は、対象会社を保有している売主のコントロール下にあります。

　このような当事者間の構造上の問題（情報の非対称性）を解消する方法として、表明保証が意義を有します。売主に対象会社の状況が真実かつ正確であることを表明して、保証してもらうことで、対象会社の中の情報にアクセスして必要な情報を買主候補に提供する義務（情報生産義務）を負う者（売主）が明確になります[1]。

　そして、売主が必要な情報の提供に失敗すれば、表明保証した範囲で、損害賠償責任を負担するという制裁を置くことで、買主は提供された情報を信じやすくなり、取引を回避しなくてすみます。表明保証は、このようにして、売主と買主の間の情報の非対称性を解消し、M&A取引を促進することに寄与します。

1）売主は、無限定に情報を提供する必要はなく、表明保証条項でカバーされる範囲に集中して情報収集すれば足ります。

2　リスク分担機能

　表明保証違反があった場合、買主は案件を取りやめること（walk away）ができ、また、売主は買主に対して補償責任を負担しますが、この意味で、売主と買主のリスク分担機能としての意義も有します。

Question

Q13 表明保証はいつの時点を基準としてなされるのですか。

- -

A

Answer 日本では、サイニング日およびクロージング日を基準日として表明保証がなされるのが一般的です。

- - - - - - - - - - - - -
解　説
- - - - - - - - - - - - -

1　日　本

　日本では、サイニング日およびクロージング日を基準日として表明保証がなされるのが一般的です。

　なお、表明保証の対象となる事項の性格によっては、これらの日以外の時点が基準となることあります。たとえば、計算書類の正確性に関する表明保証は、当該計算書類の基準日または対象事業年度もしくは期間に関してなされることがあります。また、「過去３年間労働基準監督署から是正勧告等その他の指導を受けたことがない」などとして、過去一定期間について表明保証がなされることもあります。

2　海　外

　米国では、日本と同様、サイニング日およびクロージング日を基準日として表明保証がなされるのが一般的です。

　一方で、英国では、サイニング日のみ（ただし、株主間契約の解消等、クロージング日と切り離せないような対象に限ってクロージング日に行われることはあります）を基準日として表明保証が行われることも多いです。

Question

Q14

表明保証の対象となる事項にはどのようなものがありますか。

A

表明保証の対象となる事項としては、売主が行うもの（売主および対象会社に関する事項）と、買主が行うもの（買主に関する事項）があります。前者については、契約の締結および履行権限があること、株式を問題なく保有していること等が、後者については、株式の内容（資本構成、担保設定・潜在株式の有無等）、計算書類等の正確性等があります。

Answer

- - - - - - - - - - - - -
解　　説
- - - - - - - - - - - - -

1　表明保証の対象となる事項

　表明保証の対象となる事項としては、①売主が表明保証するものと、②買主が表明保証するものがあります。表明保証の対象として一般的に検討される事項は、以下のとおりです。

(1)　売主が表明保証するもの

(a)　売主に関する事項

　売主（法人）に関する事項としては、たとえば、以下のようなものがあります。

---

① 適切に設立され存続していること
② 株式譲渡契約の締結および履行権限があること
③ 株式譲渡契約が有効かつ執行可能であること
④ 倒産手続が存在しないこと
⑤ 株式譲渡取引が法令、判決、契約等に違反していないこと
⑥ 株式譲渡取引に必要な許認可を取得していること
⑦ 反社会的勢力との関係がないこと

---

⑧　株式を問題なく保有していること

　上記のうち、基本的な表明保証については、基本的表明保証と呼ばれます。確固たる定義はありませんが、契約締結権限（上記②）および株式保有（上記⑧）を中心に、基本的かつ最重要な事項が基本的表明保証と定義されることが多いです。

(b)　**対象会社に関する事項**

　対象会社に関する事項としては、たとえば、以下の事項が挙げられます。

■対象会社に関する事項■

分　　野	表明保証
会社・組織	①　適切に設立され存続していること
	②　倒産手続が存在しないこと
	③　グループ会社（資本関係等）
	④　関連当事者取引が(開示されたものを除き)存在しないこと
株　　式	⑤　株式の内容（資本構成、担保設定・潜在株式の有無等）
計算書類等	⑥　計算書類等の正確性
	⑦　後発事象が存在しないこと
資　　産 (不動産、動産)	⑧　必要な資産（動産、不動産）を問題なく保有していること
知的財産権	⑨　必要な知的財産権等を問題なく保有していること
負　　債	⑩　偶発・簿外債務[2]が存在しないこと
許　認　可	⑪　必要な許認可を問題なく保持していること
	⑫　当局の命令に違反していないこと
法令等の遵守	⑬　法令等を遵守していること
重要な契約[3]	⑭　重要な契約に問題が発生していないこと

2）訴訟等による損害賠償債務、保証債務等が典型的です。

3）顧客、サプライヤーとの契約、システム契約、ライセンス契約、共同開発契約等。

労　　務	⑮	労務問題が存在しないこと
	⑯	賃金、年金、社会保険料等納付不払いが存在しないこと
保　　険	⑰	付保すべき保険に加入していること
税　　務	⑱	公租公課リスク（申告漏れ、追徴課税等）が存在しないこと
訴訟・紛争	⑲	訴訟・紛争が生じていないこと
環　　境	⑳	環境問題が生じていないこと
関連当事者間取引	㉑	売主のためのアドバイザーフィーを負担していないこと
反社会的勢力	㉒	反社会的勢力との関係がないこと
その他	㉓	公正な情報開示を行ったこと[4]

(2) 買主が表明保証するもの

　買主（法人）に関する事項としては、たとえば、以下のようなものがあります。

---

　① 適切に設立され存続していること

　② 株式譲渡契約の締結および履行権限があること

　③ 株式譲渡契約が有効かつ執行可能であること

　④ 倒産手続が存在しないこと

　⑤ 株式譲渡取引が法令、判決、契約等に違反していないこと

　⑥ 株式譲渡取引に必要な許認可を取得していること

　⑦ 反社会的勢力との関係がないこと

---

4) デュー・ディリジェンスの過程で、対象会社の将来の売上高、利益等の予測が開示され、買主は、開示された対象会社の将来の業績予測に依拠しまたは参考にして、対象会社の企業価値を算定します。開示された将来予測が実現しなかった場合、公正な情報開示を行わなかった等として、売主が表明保証責任を追及される可能性があります。しかし、将来の業績予測という不確実な事項について売主が表明保証責任を問われることは売主と買主とのリスク分担のバランスを失することを考慮し、株式譲渡契約で、当該将来事項について表明保証を構成しない旨を明記しておく場合があります。

2　表明保証の対象となる事項の限定

　表明保証する事項を重大・重要なものに限定したり、売主が知っているものに限定したり、ディスクロージャー・スケジュールにより表明保証の対象から除外したり、デュー・ディリジェンス過程等で開示された事項を表明保証の対象から包括的に除外する場合があります。

3　表明保証条項の例

　表明保証条項の例として、Ⅳ「資料」1の別紙1を参照してください。

Question
Q15
表明保証する事項について重要性や重大性の限定を付ける場合がありますが、それはどのような場合ですか。

A
軽微な誤りによる表明保証違反を避けるために、表明保証の範囲を「重要な点において」、「重大な悪影響がある」等に限定することがあります。

Answer

解　説
----

1 重要性・重大性により限定する目的

　軽微な誤りを理由とする表明保証違反責任を売主に課すのは、売主・買主間のリスク分担として、バランスを欠く場合があるため、ある表明保証が「重要な点において」または「重大な悪影響がある」限度で真実かつ正確であればよいとして売主の責任を軽減することがあります。

　たとえば、前者については、法令等の遵守の表明保証において、対象会社は「重要な点において」適用法令等に違反していないと規定する場合があります。後者については、対象会社は、取引先等の契約において、その事業の遂行に「重大な影響を与える」制限を内容とする義務を負っていないと規定する場合があります。

2 重要性・重大性の意味

　重要性、重大性については、個別に解釈されることになります。補償請求する場合には、補償請求者側がいかなる事由をもって重要性、重大性を判断するのかを主張・立証しなければならず、予測可能性が担保されません。当該不明確性を限定するため、一定の金額水準（たとえば、年間取引額が一定金額以上の顧客契約等）を契約書上に記載する場合もあります。

3　重要性や重大性の限定に関する裁判例

　カワカミ事件・東京地判平成19年7月26日（判タ1268号192頁）は、契約上、重要性や重大性の限定が、ある表明保証条項には付せられ、ある表明保証条項には付せられていない、つまり、買主および売主の間で重要性や重大性の限定が表明保証条項ごとに使い分けられていたにもかかわらず、表明保証条項すべてに重要性や重大性による制約が課されているかのような判断を示したうえ、売主の表明保証責任を否定しました。

　当該裁判例に対しては、当事者の意思を軽視するものとして批判があるところですが、裁判においてこのような判断がなされ得ることには注意する必要があります。

Question
Q16
どのような場合に表明保証する事項について売主の「知る限り」や「知り得る限り」という限定を付けるのですか。

- -

A

Answer

売主が対象会社の経営の詳細を把握していないような場合等において、表明保証の範囲を、売主の「知る限り」または「知り得る限り」の限定を付ける場合があります。

- - - - - - - - - -
解　説
- - - - - - - - - -

1　売主の認識により限定する目的

　表明保証条項は、対象会社に関する広範な事項を対象とします。

　しかし、売主が対象会社の経営を経営陣に一任しており、経営の詳細について把握していないような場合等もあるため、売主の認識による限定をしないと、売主・買主間のリスク分担としてのバランスを失することもあります。

　このため、ある表明保証が売主の「知る限り」または「知り得る限り」、真実かつ正確であればよいとして売主の責任を軽減することがあります。

　たとえば、法令等の遵守の表明保証において、対象会社は、売主の「知る限り」において適用法令等に違反していないとすることがあります。

2　「知る限り」および「知り得る限り」の意味

　「知る限り」は、現に知っている場合を指すと解されています。他方、「知り得る限り」は、知るべきであった場合を指すと解されています。

　売主が知るべきであったか否かは、合理的な調査を行えば知ることができたか、または誠実に遂行していれば知ることができたか等によって判断されます。

　また、認識の主体である売主の範囲については、売主だけではなく、対象

会社が含まれるのか、売主または対象会社のどのレベルの役職員が含まれるのか等が問題になります。

　これらの点について、予測可能性を担保するため、株式譲渡契約上に具体的な判断基準を規定する場合もあります。

Q17 ディスクロージャー・スケジュールとは何ですか。

A
ディスクロージャー・スケジュールとは、売主が作成する、表明保証条項に違反するまたはその可能性がある事項を列挙した株式譲渡契約の別紙をいいます。当該別紙に記載された事項については表明保証違反を構成しません。

Answer

解　説

---

1 ディスクロージャー・スケジュールとは

　売主は、買主に対して、株式譲渡契約で一定の事項について表明保証をしますが、そのうち、契約締結の時点で表明保証条項に違反するまたはその可能性がある事項が判明している場合、当該事項をディスクロージャー・スケジュール（Disclosure schedule）と呼ばれる株式譲渡契約の別紙[5]に記載します。

　たとえば、売主が株式譲渡契約作成時に、当該株式譲渡において表明保証の対象とされている法令等の遵守について違反する事項を認識している場合、株式譲渡契約書の別紙であるディスクロージャー・スケジュールで当該事項を明記し、表明保証違反を構成しないようにします。

2 ディスクロージャー・スケジュールのアップデート（更新）

　このように、ディスクロージャー・スケジュールは、株式譲渡契約の別紙として、同契約締結時に作成されます。

　しかし、日本では、サイニング日とクロージング日の両方で表明保証を行うことが一般的であり、サイニング時からクロージング時までの間に売主に

---

[5] 英文契約の Schedule は、別紙という意味を有します。

発覚した表明保証違反を構成する事項が存在する場合、当該事項は株式譲渡契約時に作成されるディスクロージャー・スケジュールに記載できません。このため、売主には、サイニング時からクロージング時までの間に売主に発覚した表明保証違反について、クロージング日までに買主に通知することで、サイニング日を基準に作成されたディスクロージャー・スケジュールをアップデート（更新）する要請が生じます。

　ただし、そのようなアップデートを無制限に認めてしまうと、買主は、サイニング日からクロージング日までに生じる表明保証違反について、リスクを負担しなくてはならなくなります。そこで、こうした買主への影響も踏まえ、アップデートの期間を限定したり（たとえば、クロージング日の3営業日前まで）、対象を限定したり（たとえば、サイニング前に生じていた事項は対象外とする、基本的表明保証は対象外とする、時間の経過により生じた軽微な事由に限る）、効果を限定する（たとえば、前提条件の不成就は治癒されない）等をして、利害調整を行う場合もあります。

Question

Q18

デュー・ディリジェンスの過程で買主に開示された情報を表明保証の対象から包括的に除外することはできますか。

A

Answer

バーチャル・データ・ルーム（VDR）で開示された情報等を表明保証の対象から包括的に除外することができます。

解　説

1　開示情報に関する包括的な免責規定

　株式譲渡契約においては、VDR で開示された情報等について、表明保証の対象から包括的に除外することができます。

　VDR で開示された情報以外に、DD レポート記載事項、買主からの質問事項への回答、対象会社のマネジメントインタビュー、サイト・ビジット等で買主に開示された事実についても、当該除外される範囲に含められることがあります。

　しかし、こうした表明保証違反の対象からの包括的な除外は、買主の表明保証違反に基づく補償請求を不合理に制限する可能性があります。そこで、「公正に開示された」または「買主に合理的に認識可能な」場合にのみ、表明保証違反の対象から除外するという限定がなされることもあります。

2　ディスクロージャー・スケジュールとの相違

　ディスクロージャー・スケジュールは、別紙で特定された事項のみについて表明保証の対象から除外されますが、上記の方法は、開示情報を表明保証の対象から包括的に除外するものであり、売主により有利な手法といえます。なお、ディスクロージャー・スケジュールと同様、サイニング日後に開示された事項のアップデートを認めるか否かについても当事者間で協議される場合があります。

　伝統的に、ディスクロージャー・スケジュールは米国で、本問のような包括的な免責は欧州で採用されることが多い手法です。

　日本では、実務上、いずれの手法も用いられていますが（併用も可能です）、ディスクロージャー・スケジュール作成の煩もあり、案件規模等にもよりますが、後者のほうが採用されやすいといえます。

Question

Q19

買主が表明保証違反の事実を認識している場合、売主の表明保証違反は成立しますか。

A

Answer

株式譲渡契約に買主の主観に関する規定（サンドバッキング条項）が規定されていない場合と規定されている場合で結論が変わります。前者では、買主が表明保証違反について認識していたまたは重過失によって認識していなかった場合、裁判所が売主の表明保証違反の成立を否定する可能性が高いです。後者では、当事者の合意した内容に従って表明保証違反の成否が判断されるのが原則ですが、プロ・サンドバッキング条項については裁判所が当該合意の効力を否定する可能性もあります。

解　説

1　サンドバッキング条項が規定されていない場合

買主が表明保証違反を認識していたまたは重過失によって認識していなかった場合、裁判所により、売主の表明保証違反が否定される可能性が高いです（アルコ事件・東京地判平成18年1月17日判時1920号136頁参照）[6]。

2　サンドバッキング条項が規定されている場合

(1)　アンチ・サンドバッキング条項

アンチ・サンドバッキング条項（買主が表明保証違反について認識または認識し得た事項は売主の表明保証違反を構成しないという規定）が定められている場合、買主にそのような主観が認められるならば、売主の表明保証違反は

6）なお、米国では、州ごとに判断が分かれています。ある州では、日本の裁判所と同じ方向の判断（買主が悪意等の場合は請求できない）がなされ、別の州では、日本の裁判所と逆の方向の判断（買主が悪意等であっても請求できる）がなされています。このように、本論点については、論理必然というより、国ごと地域ごとの事情により判断が異なるところです。

成立しません。

　アンチ・サンドバッキング条項の例は、以下のとおりです。

■アンチ・サンドバッキング条項例■

第○項の規定にもかかわらず、買主が本締結日において認識しており、若しくは認識し得た事実若しくは事由は、第○項に定める売主の表明及び保証の違反を構成しないものとする。

(2)　プロ・サンドバッキング条項

　プロ・サンドバッキング条項（買主が表明保証違反について認識しまたは認識し得た事項でも売主の表明保証違反を構成するという規定）が定められている場合、買主にそのような主観が認められたとしても、売主の表明保証違反が成立します。

　ただし、公平等を考慮した当事者間の合理的意思解釈等により、裁判所が当該合意の効力を否定する可能性もあります。

　プロ・サンドバッキング条項の例は、以下のとおりです。

■プロ・サンドバッキング条項例■

買主が売主の表明保証の違反を構成し又は構成する可能性のある事実を知り又は知り得たことは、本契約に従ってなされた売主の表明保証の効果又はそれに関連する救済手段の効果にいかなる影響を与えるものではない。

(3)　サンドバッキングの利用頻度

　過去に米国で行われた統計（サンプルは、2007年7月～2011年6月に開示された548件）では、アンチ・サンドバッキング条項を規定したものが30件（5.5％）、プロ・サンドバッキング条項を規定したものが258件（47.1％）、い

　ずれも規定していないものが260件（47.4％）とされています[7]。

　日本では、プロ・サンドバッキング条項はあまり規定されていません。

7）道垣内弘人ほか「表明保証条項違反を理由とする損害賠償請求訴訟」論究ジュリスト
22号（2017）167頁。

Question

Q20
買主が表明保証違反を認識していた場合について判断した裁判例はありますか。

A
Answer
買主が表明保証違反を認識しまたは認識し得なかったことに重過失がある場合に、公平の見地に照らし、売主の表明保証違反責任が否定されるとの判断を示した裁判例が存在します。

解 説
---

1 アルコ事件

　アルコ事件・東京地判平成18年1月17日（判時1920号136頁）は、買主が売主による表明保証違反を認識しまたは認識し得なかったことに重過失がある場合に、公平の見地に照らし、売主の表明保証違反責任が否定されるとの判断を示した裁判例です。

　ただし、具体的な事実認定においては、買主にそのような悪意または重過失が認められないとして、買主による損害賠償請求を認めました。

2 判決の内容

　本事件は、買主（原告）が、売主（被告）から、消費者金融会社である株式会社アルコ（対象会社）の全株式を株式譲渡契約により取得したというM&A取引に関するものです。

　M&A取引後、対象会社が和解債権処理に係る貸倒損失を過小に計上していたことが判明したとして、買主が、売主に対し、表明保証条項に基づき、損害賠償を請求しました。

　売主は、デュー・ディリジェンスにおいて説明したのだから、買主は表明保証条項違反を認識していたまたは認識し得なかったことに重過失があるとして、これを争いました。

　これに対し、東京地裁は、「本件において、原告が、本件株式譲渡契約締結時において、わずかの注意を払いさえすれば、本件和解債権処理を発見し、被告らが本件表明保証を行った事項に関して違反していることを知り得たにもかかわらず、漫然これに気付かないままに本件株式譲渡契約を締結した場合、すなわち、原告が被告らが本件表明保証を行った事項に関して違反していることについて善意であることが原告の重大な過失に基づくと認められる場合には、公平の見地に照らし、悪意の場合と同視し、被告らは本件表明保証責任を免れると解する余地があるというべきである。」（ト線：著者）としたうえ、買主（原告）には、こうした悪意または重過失は認められないとし、買主による損害賠償請求を認めました。

2 補償条項

Q21　補償の対象となる損害等の範囲はどのように規定されますか。

A

株式譲渡契約の補償条項では、表明保証違反に「起因または関連して」被った損害、損失、費用（損害等）を補償することが規定されることが多いです。

Answer

解　　説

1　損害等の範囲

　株式譲渡契約の補償条項において、補償の対象となる損害等の範囲が規定されます。

　当該規定においては、表明保証違反に「起因または関連して」（arising out of or in connection with という英語を直訳したもの）被った損害等を補償すると定められることが多いです。

　売主有利な事案では、表明保証違反と相当因果関係がある範囲というように、より限定的な規定とされることもあります。

2　当事者の合理的な意思

　「起因または関連して」という文言については、表明保証違反と損害等との間に要求される因果関係を緩和するものとして解釈され得ます。かかる概念には確たる解釈がないため、裁判所により、どのように評価されるかの予測は困難です。

　損害は、解釈裁判所により民法416条に基づく通常損害および特別損害と

いう概念を用いて認定されます。通常損害とは、違反事実によって通常生じる損害をいい、「通常生じる」とは、違反事実と損害との間に単なる原因・結果の事実があるだけではなく、当該原因により当該結果が生じることが社会通念上一般的に認められるような関係性（相当因果関係）があることをいいます。

このため、A事実が原因となってB結果が生じたものの、A事実が存在したからといって、B事実が生じるというのは社会通念上一般性のない帰結であるというような場合には、「通常生じる」とはいえません。特別損害とは、社会通念上一般性のない関係性であっても、当事者がそれを予見できた場合には、原因・結果の関係性を認めるものです。

裁判所は、こうした通常損害や特別損害の認定方法に関する従前の実務との整合性を取りつつ、かつ、事案の内容、経緯等を検討し、当事者が当該事案で合理的にどのような期待をしていたかを探求したうえ、当事者間の公平の見地に配慮しながら、「起因または関連して」の範囲を検討することになります。

このように、最終的には個別具体的な判断になりますが、実際に、裁判所によりどのような損害等が認定されているかについては、Ⅳ「資料」5を参照してください。

3　実務上の留意点

買主ではなく、対象会社に生じた損害等については、買主に生じた損害等として補償の対象となると考えるのが通常ですが、疑義を避けるため、株式譲渡契約において、対象会社に生じた損害等も買主の損害等とみなす旨、明記する場合もあります。

同様に、明確化の趣旨で、補償金の課税関係を明確にするため、支払われた補償金が税務上の益金と扱われないよう、株式譲渡契約において、補償金の支払いを譲渡代金の減額として扱う旨を明記する場合もあります。

弁護士費用については、債務不履行責任の場合、株式譲渡契約で特約され

ていない限り損害等に含まれないのが原則です（ただし、不法行為の場合は、特約しなくても、損害等に含まれます）1) 2)。

1）最判昭和48年10月11日判時723号44頁、最判昭和44年2月27日民集23巻2号441頁。

2）裁判所実務においては、判決で認容された金額（補償請求額等）の1割程度が弁護士費用として認容されることが一般的です。

Question
Q22
表明保証違反に基づき補償請求できる金額が制限されることはありますか。

A
補償条項において、補償額の上限、補償額の下限といった制限が付されることがあります。

Answer

解　説

1　補償条項における補償額の制限

　表明保証違反に基づく補償請求権については、補償条項において、補償額の上限、補償額の下限といった制限が付されることがあります。

　補償額の上限は、表明保証違反に基づく補償責任の上限を定めるものです。交渉力等に応じ、譲渡価額の100％までの値で定められるのが通常ですが、プライベート（PE）ファンドが売主の場合、入札案件の場合等、売主の交渉力が強いケースでは譲渡価額の5～30％程度となることもあります。

　補償額の下限には、個別事由の下限（デ・ミニミス）と損害の累計額の下限があります。

　デ・ミニミスは、些細な違反まで対応する事務負担を軽減するため、個別の表明保証違反による損害が一定額を超えなければ補償請求の対象とならないとするものです。

　損害の累計額の下限は、損害の累計額が下限を超えた場合に当該損害の全額が補償対象となるもの（ティッピング・バスケット［tipping basket］またはスレッショルド［threshold］といいます）と、下限を超えた金額のみが補償の対象となる場合（ディダクタブル［deductible］といいます）があります。

　デ・ミニミスは、譲渡価額の0.1～0.2％程度、損害の累計額の下限は譲渡価額の0.5～1％程度が1つの目安です。

2　規 定 例

　上記のような補償金額の制限は、以下のように規定されます[3]。

■補償金額の制限規定例■

第○項の規定にもかかわらず、第○項に基づく売主の補償義務は、(ⅰ)単一の事実に基づく請求（以下「個別請求」という。）に係る損害の額が100万円以下の場合には全て免責されるものとし、(ⅱ)かかる損害の額が100万円を超える個別請求に係る損害の合計が1,000万円以下の場合についても全て免責されるものとする。損害の額が100万円を超える個別請求に係る損害の額の合計が1,000万円を超過する場合には、売主は、当該超過額について補償を行うものとするが、売主の本契約に基づく補償額は、合計して本件譲渡価額の20％である５億円を超えないものとし、これを超えた部分について、売主は補償義務を負わないものとする。

3　具 体 例

　補償額の上限が５億円、補償額の下限のうち、デ・ミニミスが100万円損害の累計額の下限が1,000万円（ディダクタブル）のケースを考えます。このケースで、30万円、120万円、300万円、800万円の４つの表明保証違反が判明したとします。損害額30万円の表明保証違反は、デ・ミニミスである100万円以内であるため、損害の範囲から除かれます。残りの３つの120万円、300万円、800万円はデ・ミニミスである100万円を超えた損害となりますので、損害とみなされます。これらを合計すると1,220万円になり、損害の累計額の下限である1,000万円を超過することになります。本件ではディダクタブルですので、損害の累計額の下限である220万円（1,220万円－1,000万円）が支払対象になります。

---

3 ）戸嶋浩二ほか『M&A契約──モデル条項と解説』（商事法務、2018）164頁参照。

4　例　　外

　契約締結権限、株式保有等の基本的表明保証に関する違反については、根本的な表明保証条項であるため、補償額の上限、補償額の下限といった制限が付されないこともあります。

　また、売主が詐欺的行為、故意、重過失等により表明保証に違反した場合、売主の帰責性にかんがみて、上記同様、補償額の上限等の制限が付されないことがあります。

Question

Q23 ダブル・マテリアリティ・スクレイプとは何ですか。

A

表明保証違反があった場合に補償請求できる金額の制限の算定にあたり、個別の表明保証に設けられた重要性や重大性による限定を考慮しない旨の規定をいいます。

Answer

- - - - - - - - - - - - -
解　　説
- - - - - - - - - - - - -

　株式譲渡契約において表明保証違反があっても補償額の下限（損害の累計額の下限やデ・ミニミス）を超えなければ補償請求できないとされることがあります。当該制限の趣旨は、事務負担の軽減等のため、重要性・重大性の乏しい表明保証違反を排除することにあります。

　一方で、個別の表明保証において、重要性や重大性の限定がなされる場合があります。たとえば、法令等の遵守に係る表明保証において、以下のような形で、重要性による限定が付せられる場合があります。

■重要性による限定■

対象会社は、過去○年間において、適用ある法令等（労働関連の各法令等を含む。）及び司法・行政機関等の判断等を、重要な点において、遵守しており、重要な点において、これらに違反したことはないこと。

　このような場合、補償額の下限によって重要性や重大性の乏しい補償請求を排除することに加えて、個別の表明保証条項においても重要性や重大性による限定を行うことになります。上記の法令等の遵守違反が判明したとき、違反の内容が「重要な点」であることを満たしたうえ、さらに補償下限額およびデ・ミニミスで課せられた要件を満たさねば補償請求できないというこ

とになります。

　このような二重の限定については、損害の累計額の下限やデ・ミニミスを満たしたのであれば、軽微な違反ではないといえるにもかかわらず、さらに重要性や重大性の絞りをかけるのは補償請求を過度に限定しすぎているとして、表明保証違反に基づく補償請求できる金額の算定にあたって、個別の表明保証の範囲に付せられた重要性・重大性の限定をないものとみなすという取扱いがなされることがあります。

　これをダブル・マテリアリティ・スクレイプといいます。条項例は以下のとおりです[4]。

■ダブル・マテリアリティ・スクレイプ条項例■

> 本契約の他の規定にもかかわらず、本条に基づく補償請求の対象となる損害額の算定に際しては、表明及び保証又は誓約事項において規定される「重大」、「重要」、「重大な悪影響」その他これらと同様の留保に関しては適用されないものとみなした上で、損害額の算定を行うものとする。

4）戸嶋ほか・前掲注3）166頁。

Question

Q24

表明保証違反に関し買主に税効果や支払保険金等の利益が生じた場合、当該利益は損害から控除されますか。

- -

A

Answer

損益相殺と同様の考え方から、株式譲渡契約上、当該利益を損害から控除すると規定されることがあります。

- - - - - - - - -
解　説
- - - - - - - - -

　表明保証違反に関連して、買主に税効果（損金算入等）や支払保険金等の利益が生じた場合、損益相殺と同様の考え方から、株式譲渡契約上、当該利益を損害から控除すると規定されることがあります。

　損益相殺とは、損害賠償の原因となる事実が生じたことにより、債権者が損害と同時に利益も受けたときには、公平の見地から、当該利益分を損害賠償額から控除するという考え方です。

Question
Q25 表明保証違反に基づく補償請求はいつまでに行わなければならないですか。

A
Answer 株式譲渡契約の補償条項（補償期間）の定めによりますが、クロージング日から6～36か月程度とされることが多いです。

解　　説

1　補償期間を設定する意味

　契約当事者が長期間にわたり補償リスクを負わないように、株式譲渡契約の補償条項において、クロージング日から一定の期間が経過するまでに補償請求しなければならないとして補償請求できる期間を制限することが一般的です。

　欧米のデータによれば、クロージング日から12～18か月とされることが多いです[5]。日本では、基本的表明保証や税務に係る表明保証等の特殊な表明保証を除くものについては、クロージング日から6～36か月程度で設定されることも多いです。

　表明保証違反は、決算過程（特に監査）で判明するケースが多いので、買主としては、少なくとも補償期間中に決算期が1回は含まれるよう、交渉上可能な限りクロージング日から12～18か月程度は確保するのが望ましいです。

2　表明保証条項ごとの補償期間の設定

　補償期間は、表明保証の対象事項ごとに設定することができます。たとえば、基本的表明保証（契約締結権限、株式保有等の基本的な表明保証）は、根

[5] 藤田友敬編著『M&A契約研究』（有斐閣、2018）230頁。

本的な表明保証であるため、補償期間を無制限とすることがあります[6]）。また、税務に関する表明保証は、課税処分がなされなくなる時限を意識して、7年とすることもあります。

3　売主の属性による補償期間への影響

　売主の属性も、補償期間に影響します。たとえば、PE ファンドには、早期に利益を確定させて、投資家に分配する要請があるため、広範な表明保証条項に難色を示すのが通常であり、表明保証条項に応じたとしても補償期間を可能な限り、短縮するよう求められることが多いです（たとえば、3か月、6か月）。

　また、事業承継案件の売主である個人オーナーにとって、対象会社の売却利益は、家族の生活資金という色彩が強く、事後的に表明保証違反を問われて賠償をすることで、生活設計が崩れることに強い懸念を示すことがあります。このようなケースでも、PE ファンドの場合と同様、可能な限り補償期間を短縮するよう要求されることがあります。

6）売主が詐欺的行為、故意、重過失等により表明保証に違反した場合についても、売主の帰責性にかんがみて、補償期間を無期限とすることがあります。

Question
Q26
表明保証違反が判明した場合、買主は売主にどのように通知しなければならないですか。

A
Answer
通知条項により、補償期間内に、補償請求の根拠となる具体的な事実関係および主張する損害等を特定して、売主に通知することを求められることがあります。

解　説

　表明保証違反が発覚した場合、株式譲渡契約で定められている通知条項に規定に従い、通知を行います。

　たとえば、通知条項に、「売主は、買主が補償期間内に、補償請求の根拠となる具体的な事実関係及び主張する損害等を特定して通知しなければ、表明保証違反に基づく補償責任を負わない」と規定されている場合[7]、買主は、当該通知条項に従い、補償期間内に、補償請求の根拠となる具体的な事実関係および主張する損害等を特定して、売主に通知しなければなりません。

7）藤田編著・前掲注5）358頁。

Question

Q27

クロージング後に、表明保証違反に該当し得る事項について第三者から請求がなされた場合、買主は、どのように対応する必要がありますか。

A

株式譲渡契約上、売主に当該第三者からの請求（第三者請求）に介入権が付与されている場合、買主は、当該規定に従い、対応する必要があります。

Answer

解　説

　株式譲渡契約上、第三者請求がなされた場合に、売主に一定限度での介入権（通知・報告の受領、和解への同意、訴訟手続への参加、担当弁護士の選解任、担当弁護士への指示等）が付与されることも多いです。

　買主は、第三者から提起された訴訟に敗訴しても、売主から表明保証違反に基づく補償を受けることができることから、真剣に訴訟に対応しない（モラルリスクが生じる）可能性があり、当該モラルリスクに対応する必要があるためです。

　第三者請求に係る規定の例は、以下のとおりです[8]。

■第三者請求に係る規定例■

本契約の当事者は、第8.1条又は第8.4条に基づき相手方当事者に対し補償を請求できる事項に関連して、第三者から請求を受けた場合（ただし、買主については、クロージング日以降、対象会社が第三者から請求を受けた場合を含む。）には、速やかにその内容を相手方当事者に通知し、相手方当事者の合理的な要求に応じ、情報を提供しなければならない。また、第8.1条又は第8.4条に基づき補

8）藤田編著・前掲注5）359頁。

> 償を請求する当事者は、事前に相手方当事者の書面による同意を得ない限り、
> かかる請求について第三者の主張を認め又は和解を行ってはならない。

　一方で、担当弁護士への指示等、売主に過度な介入権を与えることが妥当
でない場面があります。

　たとえば、補償額の上限を超える可能性がある第三者請求がなされた場
合、売主の訴訟追行に任せておくと上限額を超えて表明保証では補償されな
い金額が生じてしまいかねません。このため買主は、そのような強い介入権
に抵抗することが多いです。

Question

Q28 株式譲渡契約に規定される損害軽減義務とは何ですか。

A

Answer

損害軽減義務とは、表明保証違反の原因となるような事実が生じた場合に、当該原因に基づいていたずらに損害を拡大させないよう対応するという買主の義務のことをいいます。

解　説

1　損害軽減義務とは

　表明保証違反の原因となるような事実が生じた場合、買主が売主に対する表明保証違反に基づく補償請求により損害を回収すればよいと考え、その結果、買主が漫然と損害を拡大させてしまうモラルリスクが生じ得ます。当該リスクを念頭に、買主に対し、いたずらに損害を拡大させないことを義務付けることがあり、これを損害軽減義務といいます。

2　条　項　例

　損害軽減義務条項の例は、以下のとおりです。

■株式譲渡契約書例の規定■

売主は、買主が第1項に基づく補償の請求の対象となる自らの損害等の拡大を防止するための措置を執らなかったことにより拡大した損害等については、第1項に基づく補償責任を条理上合理的な範囲で免れるものとする。

Question

Q29

表明保証違反に基づく補償請求による回収を確実にする方法にはどのようなものがありますか。

A

Answer

①譲渡価額の分割払い（ホールドバック）、②譲渡価額のエスクロー、③表明保証保険といった方法があります。

解　　説

1　伝統的な方法

　表明保証違反が判明した場合、買主は、売主に対して補償条項に基づきその被った損害を請求します。しかし、売主に資力（買主に支払う資金）がないと、表明保証に基づく補償請求は意味をなしません。そこで、売主の資力不足を担保するため、譲渡価額の分割払い、譲渡価額のエスクローといった方法が取られることがあります。

　譲渡価額の分割払い（ホールドバック）とは、たとえば、譲渡価額をクロージング日に70％支払い、残り30％は18か月後（表明保証違反に基づく補償請求可能期間と合わせます）に支払うことにする方法です。表明保証条項の補償期間である18か月間に表明保証違反が生じた場合、買主が売主に対し補償請求権を保有することになりますが、売主に補償する資力がなかった場合、売主への補償請求債権と売主からの残代金支払請求権とを相殺することができます。これにより、事実上、売主の信用力を担保することができます。

　譲渡価額のエスクローは、譲渡価額の一部（一般的には、10〜30％が相場です）を信託銀行等のエスクロー・エージェントに表明保証条項の補償期間の間預けておいて（売主ではなく第三者が管理することで、売主から隔離されて保管します）、表明保証条項違反が生じたときに、買主が当該エスクロー口座から、補償金額相当額を回収します。

　なお、エスクロー・エージェントには、一定の管理費用を支払う必要があ

ります。ただし、日本では、エクスローはほとんど用いられていないのが現状です。

2 表明保証保険

海外案件では、PE ファンドが売主となる案件を中心に、表明保証保険を選択する例が増えてきました。

譲渡価額の分割払いやエスクローは、売主の資金回収を遅らせることになりますが、PE ファンドは早期に利益を確定させて、投資家に分配する必要性が強いです。このため、譲渡価額の分割払いやエスクローには強い拒絶反応を示すことが多く、このようなときの代替策として表明保証保険が利用されるようになりました。

こうした要請は、PE ファンドだけでなく、売主一般に当てはまるため、海外では、PE ファンド以外の M&A 取引でも多数利用されています。国内でも利用が拡大しています。

Question

Q30 表明保証保険を購入する場合、株式譲渡契約の補償条項と表明保証保険との関係はどのように規定したらよいですか。

A

リコース型、リミテッドリコース型、ノンリコース型があります。

リコース型とは、売主に対する補償請求権と保険会社に対する保険金請求権を自由に選択し請求でき、各請求権の行使の順番等も指定されない規定をいいます。

リミテッドリコース型とは、保険会社に対する保険金請求が拒絶等された後に、初めて売主に対する補償請求が可能になる規定をいいます。

ノンリコース型とは、売主に対する補償請求権は認められず、保険会社に対する保険金請求権のみが請求できる規定をいいます。

Answer

解　　説

1　売主に対する補償請求権と保険会社に対する保険金請求権の関係

　買主が表明保証保険を購入した場合、売主による表明保証違反が発覚した場合、株式譲渡契約に基づく売主に対する補償請求権と、表明保証保険契約に基づく保険会社に対する保険金請求権を有することになります。

　これらの請求権の関係性について、株式譲渡契約における規定方法として、リコース型、リミテッドリコース型、ノンリコース型が存在します。

2　リコース型

　リコース（Recourse）型とは、株式譲渡契約において、売主に対する補償請求権と保険会社に対する保険金請求権を自由に選択し請求でき、各請求権の行使の順番等も指定されない規定をいいます。ただし、実務上は、まずは保険会社に保険金請求することが通常であり、最初から売主に補償請求する

ことは、あまり考えられません。

3　リミテッドリコース型

　リミテッドリコース（Limited-recourse）型とは、株式譲渡契約において、保険会社に対する保険金請求が拒絶等された後に、初めて売主に対する補償請求が可能になる規定をいいます。たとえば、次のように規定します。

　「本条の他の規定にもかかわらず、買主は、本契約に定める売主の表明及び保証違反による売主の補償責任の請求について、本表明保証保険に基づく請求のみ可能であり、売主に対してかかる補償責任を追及できず、売主は当該補償責任について一切の責任を負わないものとする。ただし、本表明保証保険に基づく請求が、保険免責事由に該当する等、売主の責めに帰すべき事由によらず、拒絶された場合はこの限りではない。」

4　ノンリコース型

　ノンリコース（Non-recourse）型とは、株式譲渡契約において、売主に対する補償請求権は認められず、保険会社に対する保険金請求権のみが請求できる規定をいいます。たとえば、次のように規定します。

　「本条の他の規定にもかかわらず、買主は、本契約に定める売主の表明及び保証違反による売主の補償責任の請求について、本表明保証保険に基づく請求のみ可能であり、売主に対してかかる補償責任を追及できず、売主は当該補償責任について一切の責任を負わないものとする。」

5　ノンリコース型と保険代位権との関係

　保険会社は、保険代位権を有していますので、買主（被保険者）に対し保険金を支払った場合、株式譲渡契約上の買主が有する売主に対する補償請求権に代位して、売主に対して補償請求（代位請求）を行うことができます。

　この点、株式譲渡契約においてノンリコース型とした場合、被保険者である買主が売主に対して有する補償請求が存在しないということになります

が、売主が悪意をもって表明保証違反した場合においても売主が何ら責任を負わないのは不合理なことから、株式譲渡契約上、「売主に故意または詐欺的行為があった場合は、買主に対して補償請求できる」等と規定することにより、保険会社として保険代位権を確保する場合があります（**Q76**参照）。

Question

Q31 特別補償とは何ですか。

A

Answer

表明保証条項とは別の枠組みとして、補償事由を特定したう
え、補償事由が生じた場合に、買主の主観等にかかわらず、補
償請求を認める規定です。

解　　説

　デュー・ディリジェンス等で発見された譲渡価額を減じる事項（デッド・
ライク・アイテム）は、譲渡価額の算定にあたり減額要素として考慮される
のが通常です。なお、株式譲渡契約締結時に買主が認識していた事項は、売
主の表明保証違反を構成しない可能性があるため、表明保証は有効な解決策
になりません。

　しかし、そのようなデッド・ライク・アイテムの中には、リスクが顕在化
するか、または顕在化した場合の損害額がどの程度になるか、予想が困難な
ものがあります。こうしたリスクについては、譲渡価額に反映することがで
きず、実際に当該リスクが顕在化し、損害等を生じさせた段階で初めて、実
際に生じた損害等について補償するという対応にならざるを得ません[9]。
こうした対応を定めた規定が特別補償条項です。

　たとえば、デュー・ディリジェンスの過程で、対象会社と租税当局との間
で税務訴訟が係属していることを発見したが、当該訴訟で税務当局の主張が
認められるのか、認められるとして全額が認められるのかは、予測が困難で

9）権利関係を早期に確定させることを重視し、（買主と売主が合意した）予想損害上限
　に発生確率を乗じて算出された金額を譲渡価額から控除するという対応を取ることもあ
　ります。

す。

　そのような場合、当該リスクを株式譲渡契の譲渡価格に反映できないため、将来実際生じた追徴課税額等の損害等が補償されるように、特別補償条項が規定されることがあります。

　特別補償条項は、既知のリスクへの対応という性質上、表明保証に課される補償請求権の制限（補償額の上限、補償額の下限、補償期間等）が適用されないこともあります[10]。

　特別補償条項の例は、以下のとおりです[11]。

■特別補償条項例■

1．売主は、○に起因又は関連して、買主が損害等を被った場合、かかる損害等について、買主に補償する。

2．売主及び買主は、本条に基づく補償請求については、第8.2条及び第8.3条の適用はないことを確認する。

10）ただし、補償額や補償期間が制限されることもあります。

11）藤田編著・前掲注5）358〜359頁。

3　裁　判

Q32

表明保証違反に基づく補償請求訴訟を行う場合の一般的な流れについて、教えてください。

A

通常の損害賠償請求訴訟と同様ですが、表明保証違反固有の争点（①表明保証違反が生じているか、②買主が当該表明保証違反を認識していたかまたは認識し得たか、③当該表明保証違反により損害が発生したか、④損害の額はいくらか）について主張・立証していく必要があります。

Answer

- - - - - - - - -
解　説
- - - - - - - - -

1　訴訟の流れ

　訴状（請求額に応じて印紙を貼付します）を裁判所に提出して訴訟提起すると、裁判所による訴状の形式的要件の審査を経たうえ、訴えが係属します。被告から答弁書といわれる反論書を受領した後は、互いに準備書面と呼ばれる書面をやり取りして、主張を戦わせることになります。こうした訴状、答弁書、準備書面は、主張書面と呼ばれます。

　訴状を提出し、答弁書が提出されると、第一回口頭弁論期日が開催され、法廷において、訴状および答弁書の陳述が行われます。答弁書では詳細な反論はなされず、また法廷でも詳細な議論がなされることはなく、次回の準備書面の提出期限と弁論準備手続期日のスケジュールを打ち合わせて終了するのが通常です。弁論準備手続期日は法廷ではなく、各裁判部に設置された弁論準備室という裁判官室横の小部屋で行われます[1]。弁論準備手続期日は、1.5～2か月程度ごとに開催されます。その後、争点が明確になった段階で、原告側および被告側から、人証（証人尋問）申請がなされ、裁判所がこれを

認めると、法廷で本人（原告または被告）尋問、証人尋問が行われます。当該尋問後、最終準備書面を提出し、結審となります。結審後の次回期日に判決が言い渡されます。

なお、訴訟係属中に和解が成立すれば、判決ではなく和解により訴訟が終了します。

2　主要な争点

表明保証違反に基づく補償請求をする場合、以下が主要な争点になります。

---

① 表明保証違反が生じているか
② 買主が当該表明保証違反を認識していたかまたは認識し得たか
③ 当該表明保証違反により損害が発生したか
④ 損害の額はいくらか

---

(1)　表明保証違反が生じたか

まず、表明保証条項には、「重要な点において」、「重大な影響がある」、「知る限り」、「知り得る限り」等、解釈の余地を残す文言が規定されている場合があります。これらの要件については、買主が主張・立証するのが通常です。

したがって、買主は、これらの要件に該当すると考える理屈付けをしたうえ、当該理屈付けを支える証拠を提出しなければなりません。また、裁判官は必ずしも対象会社が行っている事業等に精通しているわけではありません。このため、当該事実がいかなる理由で上記の要件（「重要な点において」等）に該当するのか、業界の背景等を含め、懇切丁寧に説明し、裁判官の理解を得なければなりません。

1）民事訴訟手続が改正され、当事者双方がWeb会議または電話会議に参加する方法により、弁論準備手続期日等が開催できるようになりました。

(2)　買主が当該表明保証違反を認識していたかまたは認識し得たか

　次に、②については、原則として、売主が主張・立証責任を負うことになります。買主の認識については、Ｅメールや面談議事録等の証拠のほか、買主の担当者を証人尋問することで立証するのが一般的です。

　売主が買主側の従業員を証人尋問する場合、同人は売主から接触しにくいため、通常は、買主側の証人として申請し、裁判所まで買主が同行し、出廷してもらうという手続を取られるのが一般的です。

(3)　当該表明保証違反により損害が発生したか、および損害の額はいくらか

　表明保証違反によって、買主や対象会社から具体的な支出があった場合には、表明保証違反によって損害が生じたこと、および損害額の主張・立証は比較的容易です。

　他方で、対象会社の信用棄損等、損害額の主張・立証が難しいものもあります。

Q33 日本の裁判で、争われやすい表明保証条項はどの条項ですか。

- -

A

Answer

財務・会計は、争われやすい傾向にあります。

- - - - - - - - - -
解　　説
- - - - - - - - - -

1　統　　計

　過去に日本で提起された表明保証違反に基づく補償請求に係る裁判例（Ⅳ「資料」5）を整理すると、下図に記載のとおり、財務・会計は、争われや

■表明保証違反に基づく補償請求に係る裁判例で争われた違反分類■

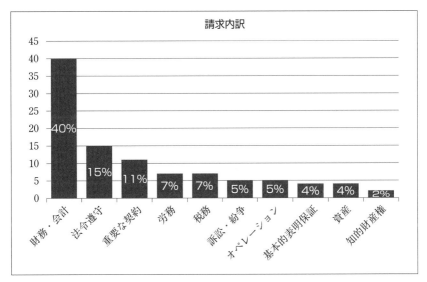

すい傾向にあることがわかります[2]。

2　訴訟で争われやすい表明保証条項

　実際の裁判では、原告が、違反類型に応じた特定の表明保証条項（たとえば、財務・会計であれば、簿外債務の不存在）に基づいて表明保証違反を主張しつつ、それに加えて、情報開示条項と呼ばれる表明保証条項の違反が主張されることが多いです。情報開示条項は、抽象的な内容であり、さまざまな違反に関連付けやすいためです。

　情報開示条項の例は、以下のとおりです（Ⅳ「資料」１）。

■情報開示条項例■

⑮　情報開示

　本契約の締結及び履行に関連して、甲又は対象会社が、乙に開示した本株式又は対象会社に関する一切の情報（本契約締結日前後を問わず、また、書面等の記録媒体によると口頭によるとを問わない。）は、重要な点において、全て真実かつ正確であること。

2）D1-Law.com（第一法規法情報総合データベース）（調査対象期間：2022年12月末日まで）、ウエストロー・ジャパン（調査対象期間：2019年12月末日まで）、判例秘書（調査対象期間：2019年12月末日まで）およびTKCローライブラリー（調査対象期間：2019年12月末日まで）が提供する判例検索システムに基づき、「表明保証」でキーワード検索し、M&A取引事案に関する裁判例を抽出しています。

Ⅲ

表明保証保険（M&A 保険）

1　総　　論

Q34
表明保証保険（M&A 保険）とは、どのような保険ですか。

A
表明保証違反により生じる損害を補償するための保険をいいます。表明保証保険（M&A 保険ともいいます）は、売主が購入する場合もありますが、買主が購入することが一般的です。

Answer

解　　説

1　表明保証保険とは

　株式譲渡契約では、売主が、自らまたは対象会社に関し、一定の事項を真実かつ正確であることを買主に対し保証し、表明保証違反があった場合に補償することが定められます。表明保証保険は、こうした表明保証違反に基づく補償請求に関し、当該違反により生じる損害を保険会社が補償する保険です。M&A 取引に関する保険ですので、M&A 保険と呼ばれる場合もあります。

　表明保証保険は、英語では、W&I insurance または R&W insurance と呼ばれます。W&I insurance は、Warranty & Indemnity insurance の略で、主に欧州、オーストラリア、アジア地域で用いられています。R&W insurance は、Representations and Warranties insurance の略で、主に米国で用いられています。

2　買主用表明保証保険および売主用表明保証保険

　買主用の表明保証保険は、保険会社が保険者、買主が保険契約者、被保険

者および保険金受取人となります。売主の表明保証違反があった場合は、買主は、直接、保険会社に補償請求することになります。

　これに対して、売主用の表明保証保険は、保険会社が保険者、売主が保険契約者、被保険者および保険金受取人となります。売主の表明保証違反があり、買主からの株式譲渡契約上の補償請求について支払いを行った場合、当該支払った額を売主が保険会社に請求することになります。

Question

Q35 表明保証保険はどの程度普及しているのですか。

- -

A

Answer

欧米やオーストラリアではすでに一般的となっています。アジアでも急激に販売件数が伸びてきており、日本でも販売件数が伸びてくることが予想されます。

- - - - - - - - - -
解　　説
- - - - - - - - - -

1　世界的に急激に販売件数が伸びている

　表明保証保険は売主用の保険として1980年代に英国で登場した保険ですが、近年、世界的に急速に普及してきています。

　米国では2015年以降、劇的に増えてきたといわれています[1]。ヨーロッパやオーストラリアでも普及してきており、アジアでも急激に販売件数が伸びてきています。

2　日本の販売状況

　日本においては、当初、国内企業の海外企業買収案件を対象とする、いわゆるクロスボーダーM&A取引用の表明保証保険が販売されました。

　近年、表明保証保険を取り扱う保険会社も増えてきており、また、2020年より国内企業同士のM&A取引（対象会社は中小企業を想定）を対象とした表明保証保険の販売が開始され、日本での販売件数も伸びています。

---

1 ）Sean J. Griffith, *Deal Insurance: Representation & Warranty Insurance in Merger & Acquisitions,* 104 Minnesota Law Review 1839 (2020), p25-26

Question

Q36 表明保証保険はどのような保険類型に分類されますか。

A

Answer

買主用の表明保証保険は費用保険、売主用の表明保証保険は責任保険または費用保険と分類されることが一般的です。

- - - - - - - - - - - -
解 説
- - - - - - - - - - - -

1 買主用の表明保証保険は費用保険

買主用の表明保証保険は、表明保証違反により生じた被保険者である買主に生じた損害をてん補するための保険です。買主は売主に対して表明保証違反に基づく補償請求をすることが可能ですが、当該補償請求に対し、保険会社が売主に代わって保険として支払いを行うものです。

当該保険については、表明保証違反によって買主が追加で支払わなくてはならない費用を補償する保険として費用保険に分類されるのが一般的です。

2 売主用の表明保証保険は（賠償）責任保険または費用保険

売主用の表明保証保険は、被保険者である売主が、表明保証違反により買主から補償請求を受けることによって生ずる損害をてん補するための保険ですので、いわゆる（賠償）責任保険と分類するのが素直です。責任保険とは、一定の事故により、被保険者が第三者に給付をなすべき責任を負担することにより生じる損害をてん補するための保険をいいます。

もっとも、国内で販売されている売主用の表明保証保険の中には、買主用の表明保証保険と同様、費用保険に分類されている場合もあります。

Question

Q37　表明保証保険を購入するメリットは何ですか。

A　買主にとってのメリットは、確実に表明保証違反の補償を受けることができるほか、他の買主候補よりも魅力的な条件を提示することができることや売主との良好な関係の維持が挙げられます。売主にとってのメリットは、将来の補償リスクから解放されることが挙げられます。

Answer

解　説

1　買主にとってのメリット

(1)　補償を確実に受けられること

　売主の資金難、売主であるPEファンドの解散、売主多数または海外所在等のように、表明保証違反に基づく補償請求時に、売主からの回収が難しい、または手間がかかる場合があります。このような場合、表明保証保険を利用すれば、保険会社の信用力に依拠することができます。

(2)　魅力的な入札条件の提示

　M&A取引の買主選定に入札手続が用いられる場合、買主候補は、他の匿名の入札者と競争しなければなりません。入札時の提案において、売主の表明保証責任を限定する方策として表明保証保険を購入することを提案することで、売主にとって魅力的な入札提案を行うことができます。

(3)　売主との良好な関係の維持

　表明保証保険は、M&A取引後にも売主との関係を良好に保ちたい場面でも有用です。たとえば、オーナー系の企業の買収で、買収後も売主が経営者として社内にとどまる場合、売主に補償責任を追及すると関係が悪化し、経営のパフォーマンスが減退する可能性があります。

　これに対して、表明保証保険を利用すれば、表明保証違反があった場合

に、保険会社から補償してもらえれば、そのような事態を避けることができます。

(4) 金融機関の与信審査における説明資料として有益

買主は買収資金を金融機関等からの借入れにより調達することがありますが、表明保証保険を購入することにより、売主に表明保証違反があった場合、売主に対して補償請求を行い、生じた損害を回収するのと比べて確実な回収が見込めることから、与信審査時における金融機関等への説明材料としても有益です。

2 売主にとってのメリット

売主には、将来の表明保証違反の補償リスクから解放されたいという要望があります。たとえば、売主がPEファンドの場合、譲渡価額を速やかに再投資に回したり、投資家への分配金額を早期に確定させたい等の要請があります。

表明保証保険があれば、売主は表明保証違反に基づく補償リスクを保険会社に移転させることができ、将来の補償リスクから解放されます。これをクリーン・イグジットといいますが、売主にとっての大きなメリットとされています。

3 双方にとってのメリット

売主の将来の補償リスクを保険会社に移転させるため、売主として表明保証に対する抵抗感が減少します。

その結果として株式譲渡契約の内容についての交渉が短期化する傾向があります。

<table>
<tr><td>Question
Q38</td><td>表明保証保険は買主のモラルリスクを生じさせるといわれることがありますが、それはどのようなことですか。</td></tr>
</table>

<table>
<tr><td>**A**

Answer</td><td>保険会社が表明保証違反のリスクを負担することにより、買主が真摯なデュー・ディリジェンスを行わなくなるおそれがあります。保険会社は、買主のデュー・ディリジェンスが十分行われているかチェックするとともに、表明保証違反のリスクの一部を買主に負担させることにより買主のモラルリスクを低減させるよう努めます。</td></tr>
</table>

- - - - - - - - - - - - - -
解　説
- - - - - - - - - - - - - -

1　買主が真摯なデュー・ディリジェンスを行わないおそれ

　買主が表明保証保険を購入した場合、売主の表明保証違反が判明した場合、保険契約に従い、保険会社から保険金を受け取ること（保険会社に表明保証違反リスクを負担させること）ができるため、買主が真摯なデュー・ディリジェンスおよび契約交渉を行わなくなるおそれがあります。

　また、デュー・ディリジェンスで発見された事項は、表明保証保険の補償対象外となるため、問題点を発見しないようにしようとするインセンティブが働き、買主がデュー・ディリジェンスを真摯に行わなくなるおそれもあります。

2　保険会社のモラルリスクへの対応

　保険会社として、表明保証違反のリスクを判断するために最も重要なものは買主によるデュー・ディリジェンスであり、買主によるデュー・ディリジェンスが不十分な場合は、保険会社は保険金支払リスクが高くなります。

　そこで、保険会社は、自ら専門チームを使い、保険引受審査の過程において、買主のデュー・ディリジェンスの実施状況等を厳格に審査します。不十

分なデュー・ディリジェンスしか行われていない場合には、保険を引き受けないとすることで、リスクコントロールを行います。また、保険会社は買主から株式譲渡契約の修正履歴付きドラフトを提出させ、真摯な契約交渉が行われているか（馴れ合いになっていないか）をチェックします。

　加えて、保険契約の設計においても、自己負担額や保険上限額を設定することにより、買主に表明保証違反のリスクの一部を負担させ、買主のモラルリスクを低減させるよう努めます。

Question
Q39 表明保証保険は国内の中小企業の事業承継 M&A でも利用することができますか。

A
Answer 国内向けの表明保証保険の販売も開始され、事業承継 M&A での利用が期待されます。

解　　説

　国内では、後継者不足のため M&A 取引で第三者に事業を売却する事業承継が増えています。事業承継案件では、売主が個人オーナーのことが多く、詳細な表明保証条項を規定することへの抵抗感や将来の補償請求リスクへの不安感等から、株式譲渡契約において、表明保証することを拒むことがあります。

　このような場合に、売主が自ら売主用表明保証保険を購入、または買主が買主用表明保証保険を購入すれば、売主が後に表明保証違反に基づく補償請求を受ける可能性が限定され、売主との交渉が円滑に進みやすくなります。

　また、個人オーナーの場合、将来的に表明保証違反に基づく補償請求に対応する資力を必ずしも期待できないため、信用力の補完としても有用です。

　加えて、オーナー企業の買収では、買収後も一定期間売主が経営者として社内にとどまることも多く、売主に補償請求すると関係が悪化することから、保険会社から補償してもらえることは関係維持に役立ちます。

　そうした状況で、国内向けの買主用の表明保証保険の販売が開始され、事業承継 M&A での利用が期待されています。なお、信用力の補完という視点から、再生 M&A でも利用され始めています。

Question

Q40 表明保証保険は国内のベンチャー投資でも利用することができますか。

A

Answer 国内向けの表明保証保険が発売され、中小規模の M&A 取引における利用可能性が高まっていることもあり、ベンチャー投資での利用が期待されています。

解　　説

1　ベンチャー投資とは

　ベンチャー企業は成長を重ね、成長の段階によって資金ニーズが異なりますので、ラウンドごとに出資が行われます。典型的なラウンドには、シード（研究および製品開発中の段階）、アーリー（初期のマーケティングを始めた段階）、エクスパンション（在庫、販売量が増えていく段階）、レイター（持続可能なキャッシュ・フローがあり、新規上場直前の段階）というものがあります。各ラウンドの間のつなぎ（ブリッジ）として、転換社債（や新株予約権）で、資金提供がなされることもあります（次頁図参照）。

　ベンチャー出資において用いられる契約として典型的なのは、投資契約（株式引受契約）、株主間契約、財産分配契約（分配合意書）です。このうち、投資契約には、出資先会社（および創業者株主）により一定の事項について表明保証がなされることがあります。

2　ベンチャー投資における表明保証保険の利用可能性

(1)　ベンチャー出資時

　ベンチャー投資においては、スタートアップ企業の成長につれ、各ラウンドでの投資額が増大していきます。特に新規上場（IPO）直前のレイター期は、一投資家の投資額が数億円規模の大型投資も増えます。従前と比べ、ベ

■ベンチャー投資■

ンチャー出資時に表明保証保険を利用する土壌は整ってきているといえます。

⑵　イグジット時

　ベンチャー投資では、投資家の投資資金の回収方法（イグジット）として、新規上場（IPO）または M&A 取引での第三者への売却という方法が想定されています。

　新規上場がベストシナリオですが、想定どおりに新規上場することができないケースでは、一定議決権以上の株主の同意で、当該スタートアップ企業の（反対する株主保有分も含めて）全株式を売却する方法（こうした売却方法をドラッグ・アロングといいます）が選択されることもあります。

　このような M&A 取引が行われる段階では、ラウンドを重ねて、株主が多数になっているのが普通です。買主としては、売主が多数になると、表明保証違反があっても各売主にそれぞれ請求しなくてはならず、不経済です。しかし、表明保証保険を購入しておけば、買主は保険会社にだけ請求を行えばよく、多数の売主それぞれに請求せずにすませることも可能になります。

Question Q41　表明保証保険は、売主が表明保証をしない場合でも利用することができますか。

A Answer　売主である株主が不特定多数存在する上場会社の買収においても、表明保証保険を利用できる場合があります。

解　説

　上場会社の買収では、売主である株主が不特定多数存在するため、個々の株主から表明保証を取得し、表明保証違反があった場合に各株主に補償を請求するのは不可能です。このような場合、表明保証保険で補償対象とする表明保証が存在しないため、表明保証保険を付保できないように思えますが、海外では表明保証保険を付けるケースが出てきています。

　方法としては、①対象会社である上場会社または一部の大株主（たとえば応募契約）に表明保証をさせて、当該表明保証を表明保証保険の補償対象とする[2]、または②誰も表明保証をしていないが、表明保証がされたと擬制して、当該表明保証（シンセティックな表明保証と呼ばれます）を補償対象とすることが考えられます。

2）この場合も、表明保証した者には表明保証違反の責任を問わない（ノンリコース）とすることもできます。

2 # 購入・引受け

Question
Q42 表明保証保険は誰から購入するのでしょうか。

- -

A
Answer 保険会社から直接購入するか、保険仲立人または保険代理店を通じて、保険会社から購入します。

- - - - - - - - - - - -
解　説
- - - - - - - - - - - -

1　誰から購入するか

　保険契約の締結の代理または媒介を行うことを保険募集といいます。保険募集は、保険会社、保険仲立人または保険代理店のみが行うことができます（保険業法275条1項）。表明保証保険は損害保険であるため、損害保険会社、損害保険を取り扱う保険仲立人、または損害保険代理店から、購入することになります。表明保証保険を取り扱う保険仲立人または保険代理店としては、世界的なブローカーであるウイリス・タワーズワトソン、エーオン、マーシュ等が有名です。

　なお、表明保証保険の実務では、保険仲立人および保険代理店を区別せず、「保険ブローカー」と呼ばれることも多いため、本書でも、保険仲立人と保険代理店を総称して保険ブローカーといいます。

2　保険仲立人と保険代理店との違い

　損害保険代理店とは、損害保険会社の委託を受け、その損害保険会社のために保険契約の締結の代理または媒介を行う者で、その損害保険会社の役員または使用人でないものをいいます（保険業法2条21項）。これに対して、保

険仲立人とは、保険契約の締結の媒介であって損害保険募集人がその所属保険会社等のために行う保険契約の締結の媒介以外のものを行う者をいいます（同条25項）。

　つまり、損害保険代理店が「保険会社のために」保険募集を行う者であるのに対し、保険仲立人は「顧客から委託を受けて」保険募集を行う者という点が異なります。具体的には、損害保険代理店は、代理店委託契約を締結している損害保険会社の保険商品しか販売できませんが、保険仲立人は、顧客のためになる（ベストアドバイス義務と呼ばれています。保険業法299条）保険会社の商品を自ら探して、顧客に販売することになります。

3　日本における保険仲立人への規制

　世界的には、特に表明保証保険のような専門的な保険は、保険ブローカーのうち、保険仲立人を通じて購入することが一般的です。なぜなら、保険仲立人は、上記のとおり、顧客の側に立って、保険会社の中から最適な保険を探してくれるからです。

　ただし、日本においては、保険仲立人は一般的ではありません。これは保険業法で保険仲立人が顧客から報酬を受け取れない（保険会社向けの総合的な監督指針V-4-4(1)）等の規制があることも原因といわれています[1]。そこで、日本では、損害保険代理店が表明保証保険を取り扱うことが多くなっています。

4　商品付帯方式

　M&Aの仲介業者が、自らが提供する仲介業務の無料サービスとして、買

1）表明保証保険契約のポリシーにおいて、ブローカーコミッションが記載されることが通常ですが、日本においては保険仲立人が顧客から報酬を受け取れない等の報酬規制があるため、ブローカーコミッションの金額を記載しつつ、「保険会社から保険仲立人に支払われるものとする」と明記されることがあります。

主に表明保証保険を提供している場合もあります。

　これは仲介業務という商品（サービス）に付帯して提供されるため、「商品付帯」といいます。この方式は、簡易に表明保証保険に加入できるというメリットがありますが、通常のプロセスで加入するよりも、補償範囲や補償期間が狭いこともあるため、注意が必要です。

Question

Q43 アンダーライターとはどのような者ですか。

A

アンダーライターとは、専門的な知識に基づき、引受リスクを審査し、保険引受けの可否判断や、引受条件・保険金額・保険料率等を決める者をいいます。保険会社を指す場合と実際に判断する者を指す場合があります。

Answer

解　説
----

1 アンダーライティング

　保険リスクを審査、引受けまたは拒絶し、引き受けたリスクに対して適切な保険料を課すために分類することをアンダーライティング（underwriting）といいます。

2 アンダーライター

　上記のようなアンダーライティングを行う者をアンダーライター（Underwriter）といい、保険会社を指す場合と、実際に判断する者を指す場合があります。

　保険会社以外で保険契約締結権を有している者として、保険募集人が存在しますが、通常保険募集人は、自ら保険引受条件を決めることはできませんので、アンダーライターではありません。

　これに対して、近時、保険会社に代わって自ら保険引受条件を決定できる保険募集人が登場しており、これらの者を MGA（Managing General Agency）といいます。

3 アンダーライターに求められる能力

　表明保証保険の引受リスクを判断するには、DD レポートの内容を理解し、表明保証条項の内容、表明保証条項違反となる可能性（リスク）につい

て専門的知識・判断が必要となります。

　このため、表明保証保険については、M&A 取引の経験が豊富な弁護士等がアンダーライターとなることが一般的です。

Question

Q44 表明保証保険の購入プロセスについて教えてください。

A

保険ブローカーを選定し、複数の保険会社から概算見積書を取得し、最適な保険会社を選定します。その後、選定した保険会社の引受審査を経て、保険契約を締結します。

Answer

- - - - - - - - - - - -
解 説
- - - - - - - - - - - -

1 買主用表明保証保険の購入プロセス（全体の流れ）

買主用表明保証保険の購入プロセスの一例は、以下のとおりです。

■買主用表明保証保険の購入プロセス例■

M&A取引のプロセス	表明保証保険の購入プロセス
秘密保持契約の締結	
基本合意・意向表明	
デュー・ディリジェンス開始	① 保険ブローカーに接触
株式譲渡契約の交渉開始	② 保険会社および保険ブローカーとの間で秘密保持契約の締結
	③ 保険会社から概算見積書を取得（複数から取得する場合が通常） ・対象会社の必要情報（企業概要書等）の提出 ・最新の株式譲渡契約案の提出
	④ 保険会社を選定
	⑤ 保険会社との間で費用契約またはサービス契約を締結し、引受審査を開始
	⑥ DDレポート開示のため、保険会社によるアドバイザーへの責任免除レターの差入れ

M&A 取引のプロセス	表明保証保険の購入プロセス
	⑦　DD レポートの提供、データルームへのアクセス権の付与
	⑧　保険会社からの質問等への回答、アンダーライティング・コール
	⑨　保険契約の内容交渉
株式譲渡契約のサイニング	⑩　保険契約の締結（保険期間開始）、無事故申告書の提出、保険料の支払い
クロージング	⑪　無事故申告書の提出
クロージング後	⑫　開示資料（VDR にアップロードされた資料、DD レポート等）の提出

2　保険会社選定までのプロセス

　表明保証保険購入希望者は、保険ブローカーに接触し、表明保証保険の購入意思を伝えます。すると、保険ブローカーは、通常、複数の保険会社から概算見積書を取得します（仮審査）。概算見積書を比べて、最も良い条件の保険会社を選定します。

3　保険会社の引受審査プロセス

　表明保証保険を申し込む保険会社が決めた後、その保険会社と費用契約（Expense Agreement）またはサービス契約（Service Fee Agreement）を締結すると、保険会社による引受審査（本審査）が正式に開始されます。

　買主は、保険会社に対して、株式譲渡契約書案、DD レポート、もしあればベンダー・デュー・ディリジェンス・レポート（売手側で用意した DD レポート）を提供のうえ、データルームへのアクセス権を付与する等、保険引受審査に必要な情報を提供します。

　これに対して、保険会社は、買主および売主の各アドバイザー（法律事務所、税務・会計事務所、環境調査会社等）に対し、これらのアドバイザーの DD レポートの内容についてその責任を問わない旨を約束する、いわゆる責

任免除レター（ノン・リライアンス・レター）を差し入れます。

その後、保険会社および保険会社が依頼する弁護士等の専門家が、提供された資料を精査のうえ、質問票を作成し、買主（保険契約者）に送付します。

次に、追加の質問票や買主の各アドバイザーが参加するアンダーライティング・コールといわれる電話会議におけるインタビュー等を経て、保険会社は引受条件を決定します。

そして、保険会社は引受条件に沿った保険契約案を買主に提示します。その後、保険会社と買主間で引受条件についての交渉が行われ、最終的な保険契約の内容が決まります。

保険契約の締結は、株式譲渡契約のサイニングと同時に行い、保険契約の補償は保険契約の締結と同時に開始されることとなるのが原則的な取扱いです。

Question

Q45　アンダーライティング・コールとはどのようなものですか。

A

Answer

引受審査の最終段階で行われる保険会社および保険会社のアドバイザーと買主および買主のアドバイザーが参加して行われる電話またはWeb会議のことをいいます。

- - - - - - - - - - - - -
解　説
- - - - - - - - - - - - -

1　アンダーライティング・コール

アンダーライティング・コールとは、引受審査の最終段階で行われる保険会社および保険会社のアドバイザーと買主および買主のアドバイザーが参加して行われる電話会議のことをいいます。近時は、Web会議で行われます。保険会社として、引受条件を決定するため、デュー・ディリジェンス・レポート等、開示された資料に関して質問を行うなどして表明保証違反のリスクを分析します。

クロスボーダーの案件においては、基本的に英語で行われますが、日本国内のM&A取引の場合は、日本語で行われる場合もあります。

2　米国型と非米国型

表明保証保険が欧州等の非米国型の場合は、事前に質問票が買主に送信されることが通常であり、この場合、質問票に対して事前に回答したうえで、アンダーライティング・コールに臨むことになります。アンダーライティング・コールも質問票に対する回答に関するものが多いです。

これに対して、表明保証保険が米国型の場合は、質問票が送信されない場合が多く、保険会社または保険会社のアドバイザーからの質問に対してその場で回答していくことになります。したがって、コールの時間が長時間に及

ぶことが多くなります。なお、買主が保険会社にリクエストすれば質問票を
送ってくれる場合もあります。

　国内 M&A 実務においては、質問票が事前に送られてくる非米国型に近い
運用がなされています。

Question

Q46
保険会社による引受審査にはどのくらいの時間がかかりますか。

A

Answer

保険会社に正式に保険引受けを依頼してから2〜4週間程度で引受審査が完了し、保険契約の締結となります。

解　説

　M&A取引は、時間的制約が強い取引類型の1つです。表明保証保険の引受審査に時間がかかると、M&A取引の成約を妨げるおそれがあります。そこで、保険会社としても、引受審査に必要な体制（弁護士や会計士等の専門家）を整備したうえ、効率的な引受審査を行っており、買主から正式に引受審査（本審査）の依頼を受けてから2〜4週間程度で引受審査を完了し、保険契約の締結となることが一般的です。

　保険購入希望者は、早い段階で保険ブローカーと相談を開始することが望ましく、また、DDレポート等の引受審査必要書類の提供準備も進めておく必要があります。

Q47 引受審査料とはどのようなものですか。

A
Answer

保険会社に対して、表明保証保険を引き受けるか否かを審査してもらうために支払う金銭のことをいいます。

解　説
----

1 引受審査料

通常の保険と異なり、表明保証保険を購入する際には、事前に引受審査料（アンダーライティング・フィー）を支払う必要があるのが一般的です。これは保険会社が表明保証保険引受けのために弁護士等の外部の専門家を雇って調査するための費用となります。

非米国型の表明保証保険では、保険購入に至った場合、引受審査料は支払不要（保険料に充当）になるとの取扱いがなされることもあります。なお、日本国内案件については、引受審査料を請求しない表明保証保険も存在します。

2 費用契約またはサービス契約

引受審査料は、費用契約またはサービス契約に規定されます。

費用契約またはサービス契約には、引受審査料の金額、支払時期、保険会社がアドバイザー（法律事務所、税務・会計事務所等）に依頼すること等が規定されます。

Q48

表明保証保険の引受審査で確認されるポイントを教えてください。

A

①買収ストラクチャー、業種・地理的展開（海外子会社等）、②買主のアドバイザーの実績、デュー・ディリジェンスのプロセスとレポートの内容および質、③株式譲渡契約の準拠法、表明保証条項および補償条項の内容、④購入希望保険条件等が確認されます。

Answer

- - - - - - - - - - - -
　　解　　説
- - - - - - - - - - - -

1　確認ポイント

　保険引受対象となる事業内容によりますが、保険会社は、①買収ストラクチャー、業種・地理的展開（海外子会社等）、②買主のアドバイザーの実績、DD レポートの内容および質（調査範囲、調査方法、指摘事項のリスクの軽重、調査未了事項の有無等）、③株式譲渡契約の準拠法、表明保証条項の内容（通常規定されない表明保証条項の有無、高リスクの表明保証対象の有無等）および補償条項の内容（金額制限、期間制限等）、④購入希望保険条件等が確認されます。

2　DD レポートの目的・形式に応じた審査

　近時、法務・税務・財務分野ともに、対象会社を網羅的に調査するのではなく、特定の目的に絞った調査（たとえば、財務分野において行われる、対象会社の価値評価に絞った調査）することが増えています。また、DD レポートの形式も、調査した内容を網羅的に記載せずに、実施した調査のうち発見した問題点のみを記載するレポート（いわゆるレッドフラッグ DD レポート）も多くみられます。これらは効率的な DD を可能にし、DD に伴うコストを削減できるというメリットがあります。

　しかしながら、表明保証保険の引受けにおいては、表明保証対象事項すべてについて、通常行われるべき調査が行われているか否かをチェックする必要があり、それらが確認できない場合は、保険引受けを拒否されることとなります。もっとも、保険会社においては、アンダーライティング・コール等において、DD担当アドバイザーに質問することによって、DDレポートに記載がない事項について確認し、引受可能と判断する場合もあります。

Question

Q49

国内案件であっても、引受審査を受けるには、英語の株式譲渡契約およびデュー・ディリジェンス・レポートが必要ですか。

A

かつては国内案件であっても、英語の株式譲渡契約およびデュー・ディリジェンス・レポートが必要でしたが、2020年に日本語対応を可とする国内案件向け表明保証保険商品が登場しています。

Answer

解　説

1　海外の再保険会社による引受条件の決定

　以前は、日本の保険会社は、表明保証保険で引き受けたリスクを海外の再保険会社に再保険として出再することが一般的でした。

　再保険契約の条件と元受保険である表明保証保険の条件は同一であることが通常ですので、海外の再保険会社が、実質的な引受条件を決定することになります。したがって、国内でのM&A取引であっても、海外の再保険会社の引受審査が必要な場合には、原則として、英語の株式譲渡契約およびDDレポートが必要でした。

2　国内案件向けの表明保証保険（日本語対応可）の登場

　国内大手保険会社は、2020年から中小企業のM&A取引を念頭に、国内案件向け表明保証保険商品の販売を開始しました。

　当該保険商品では、海外の再保険会社への出再が予定されておらず、株式譲渡契約およびDDレポートを日本語のまま引受審査を受けることができます。

Question
Q50 ステープルド・インシュアランス、セル・バイ・フリップとは何ですか。

A

Answer 主に入札案件において、売主があらかじめ選定した保険ブローカーが複数の保険会社から取得した概算見積書を利用して買主が表明保証保険を購入する場合があり、これをステープルド・インシュアランスまたはセル・バイ・フリップといいます。

――――――――
解　説
――――――――

　主に入札案件において、売主があらかじめ選定した保険ブローカーが複数の保険会社から取得した概算見積書を買主候補に交付し、買主がこれを利用して保険を購入する場合があります[2]。表明保証保険が入札手続に貼り付けられていることから、ステープルド・インシュアランス（Stapled insurance）、または売主から買主に裏返ったセル・バイ・フリップ（Sell-Buy Flip）と呼ばれます。

　ステープルド・インシュアランスが用いられる入札案件では、プロセス・レターで表明保証保険の購入が入札の条件とされたり、買主が表明保証保険を購入することを前提とした株式譲渡契約のドラフトが提示されるのが通常です。

―――――――――――――――――――――
[2]　なお、売主がより強い主導権を有し、自ら保険会社を選定する強いステープル（ハード・ステープル）という類型も存在します。

Question

Q51

日本の会社が海外の会社を買収する場合、日本の保険会社から表明保証保険を購入しなければならないのでしょうか。

A

Answer

表明保証保険の購入者（売主または買主）が日本で設立された会社の場合は、日本の保険会社から表明保証保険を購入することが原則となります。日本の保険会社が引受けを拒否した場合は、金融庁の承認を得て、直接、海外の保険会社と保険契約を締結することができます。

- - - - - - - - - - -
解　説
- - - - - - - - - - -

1　海外直接付保規制（保険業法186条1項）

　日本に支店等を設けない外国の保険会社は、原則として、日本に所在する財産に係る保険契約を締結してはならないとされています（保険業法186条1項）。これを海外直接付保規制といいます。

　この規制が設けられたのは、日本で保険業の免許を持たない外国の保険会社に日本に所在する財産に係る保険契約の締結を許せば、保険業法による規制監督が潜脱され、日本の保険契約者等に不測の損害を与えるおそれがあるほか、日本の保険市場における公正な競争を阻害されるおそれがあるからです。

2　日本の保険会社からの購入の必要性

　表明保証保険は、買主側が購入する場合は、表明保証違反により買主が被った損害を補償するものとなります。これに対して、売主側が購入する場合は、買主から表明保証違反として請求された額を補償することになります。

　「日本に所在する財産」とは、日本国の主権の及ぶ範囲に存在する財産をいい、無形財産を含んだすべての財産をいいます。表明保証保険が、日本の

会社に生じた損害を補償する場合、日本の会社が被った財産的損失が回復することになりますので、日本に所在する財産に係る保険契約に該当すると考えられます。

　したがって、日本で設立された会社が表明保証保険を購入する場合は、日本の保険会社から購入することになります。

3　海外直接付与規制の例外（保険業法186条3項）

　日本の保険会社が提供する表明保証保険が、希望する補償範囲を提供していない場合は、金融庁の許可を得て、海外の保険会社から表明保証保険を購入することも可能です。

　以下の①～⑤の不許可事由に該当しないことが必要となります。

① 　当該保険契約の内容が法令に違反し、または不公正であること

② 　当該保険契約の締結に代えて、保険会社または外国保険会社等との間において当該契約と同等または有利な条件で保険契約を締結することが容易であること

③ 　当該保険契約の条件が、保険会社または外国保険会社等との間において当該契約と同種の保険契約を締結する場合に通常付されるべき条件に比して著しく権衡を失するものであること

④ 　当該保険契約を締結することにより、被保険者その他の関係者の利益が不当に侵害されるおそれがあること

⑤ 　当該保険契約を締結することにより、日本における保険業の健全な発展に悪影響を及ぼし、または公益を害するおそれがあること

　②の要件については、日本で表明保証保険を販売する保険会社に希望の内容では引き受けられないことをヒアリングした結果等を提出します。

4　フロンティング

　海外の会社の入札案件において、海外の保険会社からの表明保証保険の購

入が推奨されている場合があります（Q50）。前述の金融庁の許可を得るという方法もありますが、日本の保険会社に指定された海外の保険会社と同条件の表明保証保険を引き受けてもらい、その保険会社と海外の保険会社が再保険契約をすることで、入札条件を満たす方法もあります（フロンティングといいます）。

Question

Q52

M&A マッチングサイトや M&A アドバイザーが、表明保証保険の購入希望者を保険ブローカーに紹介した場合、紹介料を受け取ることができますか。

A

保険の見込客情報を保険会社または保険募集人に提供する行為のことを募集関連行為といい、保険ブローカーから募集関連行為の対価として紹介料を受け取ることができます。

Answer

解　説

1　募集関連行為

　募集関連行為とは、契約見込客の発掘から契約成立に至るまでの広い意味での保険募集のプロセスのうち、保険募集に該当しない行為をいいます（保険会社向けの総合的な監督指針Ⅱ－4－2－1⑵）。

　表明保証保険は M&A 取引ストラクチャーを構築する過程で検討されるものですので、M&A 取引関係者である、M&A マッチングサイトや M&A アドバイザーが表明保証保険のニーズを初めにつかむ立場にあります。したがって、通常、保険ブローカーや保険会社は、彼らから表明保証保険の見込客の紹介を受けることが多いです。

　見込客の紹介は無償で行われることが大半ですが、保険ブローカーや保険会社から紹介料という形で一定の金銭を受けることもできます。

　ただし、紹介料を受ける場合は、保険ブローカーまたは保険会社との間で募集関連行為委託契約等を締結し、募集関連行為の委託先として保険ブローカーまたは保険会社の管理を受けなければなりません。

2　募集関連行為従事者の禁止行為

　募集関連行為を行う者のことを募集関連行為従事者といいますが、募集関

連行為従事者は、保険募集行為を行うことはできません（保険会社向けの総合的な監督指針Ⅱ‐4‐2‐1⑵①）。

　したがって、表明保証保険の具体的な内容の説明や保険加入手続については、保険会社または保険ブローカーに任せる必要があります。

3　保険の内容

Q53　表明保証保険契約の基本的な構成を教えてください。

A

表明保証保険契約には、当事者、補償範囲、保険期間、保険上限額、自己負担額、デ・ミニミス、保険料等の個別条件のほか、定義規定、損害規定、免責事由、通知事項、一般条項等が記載されます。さらに、具体的な補償範囲を定めたカバー・スプレッドシート、株式譲渡契約等取引書類、保険契約締結日およびクロージング日における無事故申告書等が添付されます。日本では、費用・利益保険普通保険約款を表明保証保険特約で書き換える方式で引き受けることが一般的です。

Answer

- - - - - - - - - - - - -
　　解　　説
- - - - - - - - - - - - -

1　表明保証保険契約の構成

　表明保証保険契約の構成は、概ね、次頁の表のとおりとなります。

　日本では、費用・利益保険普通保険約款を表明保証保険特約で書き換える方式で引き受けることが一般的です（Ⅳ「資料」2「費用・利益保険普通保険約款」、3「表明保証保険特約（買主用）」を参照）。

■表明保証保険契約の構成■

個別条件	被保険者、保険者、保険ブローカー名、対象会社名、補償範囲、保険期間、保険上限額、自己負担額、デ・ミニミス、保険料等、当該保険契約の具体的な条件が規定されます。
定義規定	既知事項（Actual Knowledge）等、各用語の定義が規定されます。
損害規定	補償される損害の範囲が規定されます。
免責規定	保険金が支払われない事由（免責事由）が規定されます。たとえば、被保険者がすでに知っていた事項等が規定されます。
通知規定	保険事故が発生した場合の保険会社への通知義務が規定されます。
一般条件	保険契約における一般的な条項が規定されます。告知義務、保険代位、準拠法、紛争解決方法等が規定されます。

2　添付資料

　表明保証保険契約には、カバー・スプレッドシート（ワランティ・スプレッドシート）（Ⅳ「資料」4の「カバー・スプレッドシート例」を参照）、株式譲渡契約等取引書類、保険契約締結日およびクロージング日における無事故申告書等が添付されます。

Q54 表明保証保険で保険金支払いの対象となる損害の範囲について教えてください。

A 表明保証違反に起因または関連して被った損害のうち買主が売主に対して請求できる金額、および第三者からの請求に関する争訟費用が保険金支払いの対象となります。

Answer

- - - - - - - - - - - -
解　説
- - - - - - - - - - - -

1　表明保証違反に起因または関連して被った損害

　表明保証違反に起因または関連して被った損害のうち、株式譲渡契約に基づき買主が売主に対して請求できる金額が、保険金支払いの対象となります。ただし、表明保証保険において当該損害からは、結果損害および間接損害（逸失利益を含みます）を除くことが一般的です。

　また、表明保証保険において、カバー・スプレッドシートにより株式譲渡契約において表明保証した範囲が限定された事項および免責事由は、保険金支払いの対象から除かれます。

2　第三者からの請求に関する争訟費用

　第三者から被保険者または対象会社が損害賠償請求を受けた場合、それに対応するために被保険者または対象会社に生じた弁護士報酬等（この費用を争訟費用といいます）も保険金支払いの対象になります。

　なお、一定金額を超える争訟費用の支出については、保険会社の事前同意が必要となることが通常です。

Question
Q55　カバー・スプレッドシートとはどのようなものですか。

A

Answer

カバー・スプレッドシートとは、株式譲渡契約の表明保証条項ごとに、保険によりカバーする範囲を特定するために作成する別表をいいます。

解　説

1　カバー・スプレッドシートとは

カバー・スプレッドシート（ワランティ・スプレッドシートともいいます）とは、株式譲渡契約の表明保証条項ごとに、保険によりカバーする範囲を特定するために作成する別表をいいます。

これにより株式譲渡契約で表明保証された範囲を狭めたり、広げたりすることができます。主に、非米国型の表明保証保険で使用されています。

カバー・スプレッドシートの例は、Ⅳ「資料」4を参照してください。

2　カバー範囲の特定方法（付保・一部付保）

表明保証条項で記載された表明保証の範囲をそのまま保険によりカバーする場合は、付保（Covered）と記載されます。これに対して、引受審査の結果、表明保証された範囲を狭める場合は一部付保（Partially Covered）と記載されます。たとえば、株式譲渡契約で、所有不動産に環境汚染リスクはないという表明保証が定められていた場合、そのすべてを付保とせず、当局から書面で命令や警告等を受領していない等というようにカバー範囲が狭められることがあります。

また、特定の表明保証条項に「重要な点において」、「知る限り」、「知り得る限り」という限定が付されている場合でも、保険においてはそれらの限定

を除いた範囲でカバーしたり（Covered）、逆に、特定の表明保証条項では限定が付されていない場合に、保険において「重要な点において」等の限定を付して（Partially Covered）引き受ける場合もあります。

　なお、一部付保の場合、カバー・スプレッドシートにおいて、表明保証条項のうち、保険でカバーしない範囲を「見え消し」の形で表すことが一般的です（Ⅳ「資料」4 参照）。

3　カバー範囲の特定方法（スクレイプ）

　株式譲渡契約の複数の表明保証条項に「重要な点において」という限定が付されている場合において、保険においてはその限定を除いた範囲でカバーすることもできます。これをマテリアリティ・スクレイプといいます。逆に、保険において「重要な点において」の限定を付して引き受ける場合もあります。

　また、追加の保険料を支払うことにより、「知る限り」、「知り得る限り」という限定が付された表明保証条項についても、保険においてはその限定を除いた範囲でカバーすることもできます。これをナレッジ・スクレイプ（Knowledge Scrape）といいます。逆に、保険において「知る限り」、「知り得る限り」の限定を付して引き受ける場合もあります。

4　カバー範囲の特定方法（免責）

　保険会社が付保できないと判断した表明保証については、カバー・スプレッドシートにおいて、免責（Excluded）とされます。

Question

Q56 保険上限額とはどのようなものですか。

A

保険上限額とは、表明保証保険で支払われる保険金の上限額の
ことをいいます。

Answer

解　　説

1　保険上限額（Limit of Liability）

　保険契約では、表明保証保険で支払われる保険金の上限額である保険上限額（保険金額または支払限度額ともいいます）が定められます。

　当該金額は、対象会社の企業価値または株式譲渡契約の譲渡価額の10～35％程度で設定されるのが一般的です。

2　保険上限額の上乗せ（トップ・アップ）

　特定の表明保証条項について、保険上限額を他の表明保証条項に係る保険上限額よりも高く設定する場合があります（トップ・アップといいます）。たとえば、基本的表明保証条項に関する違反があった場合、買主に生じる損害は大きくなる可能性が高いことから、追加の保険料を支払うことにより、基本的表明保証条項に関する保険上限額のみ、他の条項より高く設定することがあります。

Q57 保険金の支払いを限定する方法として、自己負担額とデ・ミニミスがあるとのことですが、それはどのようなものですか。

A
Answer

自己負担額とは、保険事故が発生した場合、保険契約者または被保険者が自己負担する金額をいいます。デ・ミニミスとは、個別の損害について一定金額を超えた損害のみ保険金の支払い対象となる損害とみなすとしたその一定金額のことをいいます。

解　説

1　自己負担額（Retention）とは

　自己負担額（免責金額ともいいます）とは、保険事故が発生した場合、保険契約者または被保険者が自己負担する金額をいいます。自己負担額を設定する理由は、保険契約者としては、自己負担額を設定することにより、保険料を下げられること、保険会社としては、自己負担額を設定することにより、保険契約者のモラルリスクを防止できること等が挙げられます。

　自己負担額の設定方法には、ディダクタブル（控除免責歩合。エクセスとも呼ばれます）とフランチャイズ（単純免責歩合）という方式があります。前者は、自己負担額以下の損害については保険金が支払われず、自己負担額を超過する損害については、自己負担額を超過した損害額のみ支払われる方式をいいます。後者は、自己負担額以下の損害について保険金は支払われないのはディダクタブルと同じですが、自己負担額を超過する損害については、自己負担額以下の損害も含めて発生した損害額の全額を支払う方式のことをいいます。

　表明保証保険において、自己負担額は、ディダクタブルで、対象会社の企業価値または株式譲渡契約の譲渡価額の0.5〜2％程度で設定されることが

一般的です[1]。

2　デ・ミニミス（最低請求金額：De Minimis）とは

　デ・ミニミスとは、個別の損害について一定金額を超えた損害のみ保険金の支払い対象となる損害とみなすとしたその一定金額のことをいいます。デ・ミニミスが設定される目的としては、僅少な損害について損害査定等の対応をする事務負担を軽減するため、一定額を超えない損害については、損害に含めないこととしたものです。対象会社の企業価値または株式譲渡契約の譲渡価額の0.1％程度で設定されることが一般的です。なお、米国型の表明保証保険では、デ・ミニミスは設定されないことが通常です。

3　具体例

　たとえば、保険上限額を10億円、自己負担額をディダクタブルで1,000万円、デ・ミニミスを100万円に設定したケースを想定します。

　損害額がそれぞれ30万円、120万円、300万円、800万円の4つの表明保証違反が判明したとします。損害額30万円の表明保証違反は、デ・ミニミスである100万円未満であるため、損害の範囲から除かれます。残り3つの120万円、300万円、800万円はデ・ミニミスである100万円を超えた損害となりますので、損害とみなされます。これらを合計すると1,220万円になり、自己負担額の1,000万円を超過することになります、ディダクタブルですので、自己負担額を超過した金額である220万円（1,220万円－1,000万円）が保険金の支払対象となります。

---

[1]　日本では非常に低額の自己負担額（たとえば保険上限額の1％）が設定される場合もあります。

Question

Q58 保険料水準を教えてください。

A

対象会社の所在地、株式譲渡契約の準拠法、保険契約の内容（保険上限額や自己負担額など）、対象会社の業種などによって変わりますが、保険上限額の1～3.5％程度であることが一般的です。

Answer

解　　説
----

1 概算見積書の取得

表明保証保険を購入する場合、一般的には、保険ブローカーに依頼して、複数の保険会社から、保険料の概算見積書を取得します。

保険会社は、概算見積書を提示する際、案件概要等に関する初期資料しか検討していませんので、概算見積もりに記載されている保険料その他の内容には法的拘束力はありません。

保険ブローカーは、各社の概算見積もりを並べて、保険購入希望者に提示します。保険購入希望者は、保険料だけではなく、免責事由等を検討して、最も有利な保険を選択することになります。

概算見積書のイメージは、次頁の表のとおりです。

■ケース：対象会社の企業価値200億円の場合■

	Option1			Option2	Option3
保険上限額	20億円			25億円	30億円
保険会社	A保険会社	B保険会社	C保険会社		
自己負担額	1%	0.5%	2億円	略	略
デ・ミニミス	2,000万円	2,000万円	1,500円		
保険料	2,000万円	2,500万円	3,000万円		
引受審査料	500万円	600万円	500万円		

2　保険料水準

　保険料は、対象会社の所在地、株式譲渡契約の準拠法、保険上限額や自己負担額の大きさ、対象会社の業種等によって変わります。保険上限額に対して何％という形で設定されます。日本では、1.5〜3％程度で設定されることが一般的です。

　米国、アジアの会社がターゲットの際の相場が比較的高く、欧州、オーストラリアの会社がターゲットの際の相場が比較的低い傾向です。対象会社の業種にもよりますが、最近では、米国は、保険上限額の2〜5％、アジアは、1.5〜3％、欧州は1〜2％程度の傾向にあります。

3　最終保険料の決定

　最終的な保険料は、買収金額が変わらない限り、概算見積書で提示された保険料が大幅に変わることはあまりありません。

　保険にかかるデュー・ディリジェンスにより大きなリスクが判明した場合は、当該リスクを保険の補償範囲から除くという運用がなされています。

4　最低保険料

　最低保険料は、保険会社にもよりますが、従来は、1,000万円程度だとさ

れてきました。この点、保険上限額は、対象会社の企業価値または株式譲渡
契約の譲渡価額の10〜35％で設定されるのが通常です。とすると、一定額以
上の譲渡価額でなければ、最低保険料に達せず、表明保証保険を購入できま
せん。

　たとえば、譲渡価額が20億円の案件だと、仮に保険上限額を譲渡価額の
20％とすると、保険上限額は４億円です。保険上限額の２％が保険料とする
と、４億円の２％は、800万円となり、最低保険料1,000万円を上回りませ
ん。

　もっとも、国内保険会社は、国内の中小規模の事業承継をターゲットとし
て、譲渡価額が数億円程度でも付保が可能な保険商品の提供を始めました。
当該保険商品では最低保険料がより低額に設定されています。

Q59　保険料はいつまでに支払わなければならないのですか。

A
Answer
基本的には保険契約の締結と同時に保険料を支払うことになりますが、契約締結後の支払いが認められる場合もあります。

解　説

1　保険料の支払時期

　保険契約は諾成契約ですので、保険責任を開始するために、保険料の支払いが必要不可欠というわけではありません。つまり、保険責任開始後に保険料の支払時期を設定することも可能ですが、保険会社としては、保険料の支払いを確実に行わせるために、保険契約の締結と同時の保険料支払いを求めることが一般的です（即収の原則と呼ばれることがあります）。

　これに対し、表明保証保険においては、株式譲渡契約の代金の支払いがクロージング時になされることもあり、保険期間開始後（たとえば保険契約の締結から20〜30日以内）の支払いが認められる場合もあります。米国型の表明保証保険では、保険開始日に10％、株式譲渡契約の取引実行（クロージング）時に90％を支払われるのが一般的です。

2　保険料の支払場所

　保険料支払債務は、持参債務ですので、支払場所は、債権者である保険会社の営業所となります（民法484条、商法516条）。通常は、保険会社の銀行口座に振り込むことになります。また、表明保証保険を募集した損害保険代理店が、保険料受領権限を与えられている場合もあり、その場合は、損害保険代理店の口座に振り込むことになります。

Question

Q60
保険料を売主と買主で折半して支払うことはできますか。

A

Answer

保険会社との関係では、売主用の保険については売主が、買主用の保険の場合は買主が負担します。ただし、売主または買主が保険会社に支払う保険料について、買主と売主との内部的な費用負担合意（折半とすること等）をすることは可能です。

解　　説

　保険会社との関係での保険料の支払義務者は保険契約者である売主か買主の一方ですが、別途、売主と買主の間で費用分担がされることがあり得ます。

　たとえば、①買主用の表明保証保険の場合で、買主が保険会社に保険料を支払うものの、売主がその半分または全額を買主に支払ったり、その逆に、②売主用の表明保証保険の場合で、売主が保険会社に保険料を支払うものの、買主がその半分を売主に支払ったりすることがあります。

Question
Q61　株式譲渡契約がクロージングできず解除された場合、保険料は返還されるのですか。

A
Answer
一定の手数料が差し引かれたうえで、保険料は返還されます。

解　説

　株式譲渡契約がクロージングできず解除され、株式譲渡がなされなかった場合でも、保険会社としては、引受審査を行ったり、引き受けたリスクについて再保険を手配する等、一定のコストを要しています。

　したがって、支払った保険料全額が返還されることはなく、一定の手数料（たとえば、保険料の10％程度）が差し引かれたうえで、保険料が返還されます。

Question

Q62
表明保証保険の免責事由として、どのようなものが規定されますか。

A

担当者が保険契約時または取引実行時に認識していた表明保証違反、譲渡価額の価格調整、将来についての財務予測、公序良俗に反するおそれがあるもの等が免責事由として規定されます。

Answer

解　　説

　免責事由とは、保険会社が保険金の支払いを免れる事由のことをいいます。免責事由は、保険会社と保険契約者との間の合意で決めるものであり、対象会社の業務内容や準拠法やデュー・ディリジェンスの深度等によっても規定される免責事由は異なります。

　事案ごとに免責事由が決定されますが、一般的に規定されることが多い免責事由は以下のとおりです。免責事由の具体的な記載例については、Ⅳ「資料」3「表明保証保険特約（買主用）」の第4条（保険金を支払わない場合）を参照してください。

■一般的な免責事由■

・取引担当者が保険契約時または取引実行（クロージング）時に認識していた表明保証違反（および当該違反が生じるおそれ）（既知事項）
・既開示事項[2]

2）米国型の表明保証保険の場合、ディスクロージャー・スケジュールで開示された事項等が既開示事項とされ、非米国型の表明保証保険では、デュー・ディリジェンスで開示された事項を包括的に既開示事項とするのが一般的です。

・譲渡価額の調整条項

・予測、計画または将来事項（Forward looking）についての表明保証違反

・環境汚染に関する事項

・製造物責任に関する事項

・罰金、制裁金、課徴金等、保険で補償することが公序良俗に反するおそれが
　あるもの

・贈収賄

　これらに加えて、デュー・ディリジェンスが十分に実施されていない事項
などが免責事由とされます。

Question

Q63

買主の取引チームメンバーが表明保証違反となる事項を知っている場合、または当該事項が開示されていた場合、表明保証保険ではカバーされないのでしょうか。

A

Answer

取引チームメンバーの既知事項や既開示事項は、免責されることが一般的です。

解　　説

1　既知事項

　表明保証保険においては、被保険者の取引チームメンバーが知っていた表明保証違反（および当該違反が生じるおそれ）（これを既知事項といいます）は、免責事由とされることが一般的です。

　たとえ株式譲渡契約でプロ・サンドバッキングを規定して、表明保証違反に関する買主の認識にかかわらず表明保証違反に基づく補償／損害賠償請求できるという規定を定めていた場合でも、保険において既知事項が免責事由とされていれば、保険金請求はできません。

　このように既知事項については表明保証保険でカバーされないため、株式譲渡契約上の特別補償で対応するか、租税であれば、既知の租税リスクをカバーする租税保険を購入して対応することになります。

　ただし、既知事項であっても、発生可能性が未知の場合、保険会社と交渉して、表明保証保険でカバーすることが認められる場合もあります。その場合、追加の保険料が要求される場合もあります。

2　既開示事項

　売主から買主である被保険者に開示された情報（既開示事項：Disclosed Information）についても免責事由とされることが一般的です。

　たとえば、売主から買主候補に提供される対象会社の情報をまとめた情報パッケージである企業概要書、VDR、デュー・ディリジェンスの過程で買主から売主・対象会社になされる Q&A、ベンダー・デュー・ディリジェンス・レポート、マネジメント・プレゼンテーション（買主による対象会社のマネジメントへのインタビュー）等を通じて、売主から買主に開示された情報が既開示事項となります。

Question

Q64　罰金、課徴金、制裁金を表明保証保険の付保対象にすることができますか。

A　公序良俗違反の保険契約は無効と解されていますので、罰金、課徴金、制裁金を表明保証保険の付保対象とすることはできません。

解　　説

1　公序良俗違反の保険は無効

　日本の保険契約は、その「内容が、公の秩序又は善良の風俗を害する行為を助長し、又は誘発するおそれのないものであること」（保険業法5条1項3号ハ）が必要となります。

　このため、スピード違反の罰金を補償する保険契約など、公序良俗違反行為を助長・誘発するおそれのある保険契約は法律上許されません。したがって、表明保証保険においては、科／課される罰金、課徴金または制裁金は、付保対象外（免責事由）とされます。

Question

Q65 表明保証保険の保険期間はどの程度でしょうか。

A 一般的な事項に係る表明保証については 3 年間、税務に係る表明保証については 6 〜 7 年間、基本的表明保証は 6 〜 7 年間とされることが多いです。

Answer

解　　説

　表明保証保険の保険期間は、株式譲渡契約の補償期間と一致しないことが通常です。

　一般的な事項に係る表明保証の保険期間は 2 〜 3 年間、税務に係る表明保証や基本的表明保証の保険期間は、6 〜 7 年間を提示されることが多いです。税務に係る表明保証の保険期間は、各国とも 6 〜 7 年間程度が多いとされており、かかる事実も上記保険期間の設計に影響しています。

　基本的表明保証は、株式の所有権や取引権を中心とした重要な表明保証ですので、保険期間も長期間の設定とされることが多いです。

Question
Q66　表明保証保険には告知義務がありますか。

A　表明保証保険の保険契約者も告知義務を負うため、保険契約に
関する重要な事実を保険会社に申し出なければいけません。

Answer

解　　説

1　告知義務

告知義務とは、保険契約を締結する際に、保険契約者または被保険者が、保険会社に対して、重要な事実を申し出なければならないという義務のことをいいます。

ここでいう「重要な事実」は、日本の保険法においては、保険者（保険会社）がその事実を知ったならば保険契約の締結を拒絶したか、または同一の保険料では引き受けなかった事実と解されています。

2　無事故申告書

表明保証保険においては、保険契約締結日と株式譲渡契約の取引実行（クロージング）日の2度、無事故申告書（No Claims Declaration）の提出が求められ、当該書面において、当該株式譲渡取引にかかわるメンバー（買主の担当者数名が普通）は、保険事故（および保険事故のおそれ）は知らないことを申告することになります。

なお、告知義務は、保険契約を締結する前に保険契約者が負う義務ですので、保険契約締結後である株式譲渡契約のクロージング時の無事故申告書は、告知義務そのものではないといえます。

3　不申告の帰結

　保険契約締結時に重要な事実を知っていたにもかかわらず、保険会社に申告していなかったことが後になって判明した場合は、補償されないこととなります。

　日本法準拠の保険契約の場合、告知義務違反が判明した場合、保険者は保険契約を解除できることになりますが（保険法28条）、当該事由は、表明保証保険契約の免責事由としても規定されることがあります。

Question
Q67 株式譲渡契約のサイニング日とクロージング日の間に発生した表明保証違反は、保険金支払事由になるのでしょうか。

A クロージング前に表明保証違反が発生・判明した場合、保険金支払事由にならないのが通常です。もっとも、表明保証保険にニュー・ブリーチ・カバー特約を付ければ、補償対象とすることができます。

Answer

解　説

1　サイニング日からクロージング日までの間の表明保証違反

　売主が株式譲渡契約のサイニング日とクロージング日の両時点で表明保証をした場合には、両日の間に表明保証違反に相当する事由が発生し、これをクロージング日前に買主が認識すると、当該事項は表明保証保険では免責事由として規定される既知事項となってしまい、表明保証保険の補償対象とすることができません。

　企業結合審査や外資規制審査が長引き、株式譲渡契約のサイニングからクロージングまでの間隔が長くなってしまう場合には、保険金が支払われないリスクが特に高まります。

2　ニュー・ブリーチ・カバー

　株式譲渡契約のサイニング日とクロージング日の間に発生・判明した表明保証違反を表明保証保険の補償対象としたい場合、その間も補償対象とする旨の特約（ニュー・ブリーチ・カバーといいます）を付けることができます。

　ただし、当該特約に係る追加保険料が高いのが難点です（保険金額の10〜20％程度の追加保険料を提示されることもあります）。

Question

Q68

株式譲渡契約と表明保証保険契約の準拠法は一致させなければならないですか。

A

Answer

補償請求の範囲等を考慮すると株式譲渡契約と保険契約の準拠法は同じであることが望ましいですが、必ず一致させなければならないというものではありません。

解　説

　株式譲渡契約における補償の範囲と表明保証保険における補償の範囲を異なる準拠法に基づいて解釈することになると、同じ表明保証違反を対象とするにも、違反の正否、損害の範囲の解釈が異なることになる可能性があり、表明保証保険の保険金の支払いにおいて問題が生じるおそれがあります。こうしたリスクを避けるためには、株式譲渡契約の準拠法と表明保証保険契約の準拠法を同一にすることが望ましいです。

　もっとも、必ず準拠法を同一にしなければならないというわけではなく、準拠法が異なる場合もあり得ます。

A

Answer

保険事故（表明保証違反）発生を認識した場合、被保険者は、保険期間内に保険会社に通知しなければなりません。その後、保険会社は事故調査を行い、保険事故認定されると保険金が支払われます。

保険金請求・支払い

解　説

1　クレームメイド・ベース

　表明保証保険は、クレームメイド・ベースの約款（Claims-Made Policy）となっています。クレームメイド・ベースの約款とは、保険期間内および保険期間終了後の所定の期間内に保険金請求をなされたもののみを保険の支払対象とする約款のことをいいます。

　クレームメイド・ベースの約款においては、上記の保険期間終了後の所定の期間内の保険金請求について、たとえば、「保険期間終了の20日前に保険事故が発生した場合、保険期間終了後10営業日以内に保険会社に通知する」と規定される場合もあります（グレースピリオドと呼ばれています）。

　なお、オカレンス・ベースの約款（Occurrence-Based Policy）では、保険期間内に保険事故が発生していれば、保険期間終了後に保険金請求しても保険の支払対象となります。

2　発見から一定期間内の通知

　保険期間内または保険期間終了後の所定の期間内に通知した保険事故のみ

が支払対象となりますが、それに加えて、被保険者は、保険事故である表明保証違反を発見した時から所定の期間内（30日以内等）に通知しなければなりません。

なお、この期間内に通知しなければ保険金は全額免責されると規定されている約款もありますが、そのような場合であっても、通知が遅滞したことにより保険会社に生じた損害を差し引いた分は支払われる場合もあります。

3　通知する事項

被保険者は、保険会社に対して、被保険者の知る限りにおいて、当該違反内容の詳細（どの表明保証違反に該当するか、損失の見積もりはいくらか等）を記載した書面通知を行う必要があります。

4　保険会社による調査・支払い

通知を受け取った保険会社は、表明保証違反があるか否か、損害額は適正か、保険契約の免責事由に該当しないかなどを調査することになります。株式譲渡契約の表明保証違反があったか否か、およびその損害額については、高度な法的評価が必要ですので、弁護士や会計士などの専門家と相談しながら進めるのが通常です。

保険金請求から支払いまでは、簡単な事案の場合は数か月、複雑な事案の場合は1年以上を要する場合もあります。保険事故として認定されると、デ・ミニミスを超えた請求の合計から自己負担額を控除のうえ、保険上限額まで補償を受けることができます。

なお、保険金の請求にあたっては、保険契約を仲介した保険ブローカーが保険会社への請求を支援してくれるのが一般的です。

Question Q70	第三者から買主（被保険者）または対象会社に請求があった場合、被保険者はどのような対応を行う必要がありますか。

A Answer	被保険者は、遅滞なく保険会社へ通知し、保険会社と協力しながら（保険会社に情報提供したり、保険会社が同意した弁護士を選任する等）、防御活動を行わなければなりません。

解　説

1　第三者請求がなされた場合の保険会社への通知

　被保険者は、第三者から表明保証違反となり得る裁判上または裁判外の請求（第三者請求）がなされた場合、遅滞なく保険会社に通知しなければなりません。

2　保険会社の介入

　被保険者は、保険会社の求めに応じ、調査に協力し、必要な情報を提供しなければなりません。

　また、第三者請求がなされた場合、被保険者は、弁護士を選任することになりますが、この場合、保険会社が事前に書面により同意した弁護士を選任することもあります。

　さらに、被保険者が、保険会社および（第三者請求を行った）第三者が同意すると見込まれる条件で和解しなかった場合、保険会社は、当該条件を超える金額について支払義務を免れるとされるのが一般的です。

3　争訟費用についての保険金請求

　第三者請求に対応するために被保険者または対象会社が支払った弁護士報酬等について、保険金請求することになります（Q54参照）。

　なお、一定金額を超える弁護士報酬については、事前の保険会社の同意が
必要となることが通常です。

Question

Q71 保険契約に規定される損害軽減義務とは、どのような内容ですか。

A

Answer

被保険者は、保険事故が発生したことを知ったとき、その損害の発生および拡大の防止に努めなければならない義務のことをいいます。

解　説
----

1 損害軽減義務

損害軽減義務とは、被保険者は、保険事故が発生したことを知ったとき、その損害の発生および拡大の防止に努めなければならない義務のことをいいます。その防止義務の程度は、「可能な限り」でよいこととされている場合が多いです。このような損害軽減義務（日本の保険法では損害防止義務と呼ばれています。保険法13条）が求められている趣旨は、保険があることから保険事故が発生しても対応せず損害を拡大させるというモラルリスクを防止することにあります。

損害軽減義務を違反した効果は、当該義務違反により拡大した損害については、保険による補償は受けられないということになります。

2 被保険者の義務

保険契約上、被保険者は損害を軽減する義務を負います。かかる義務は、合理的かつ可能な範囲に限定されますが、被保険者は、保険に加入しているからといって安易に損害を拡大させることはできないことになります。また、被保険者は、損害の原因となった責任主体に対して責任追及するための権利（および保険会社の代位権）を保全することも求められます。

Question

Q72 表明保証保険の保険金請求はいつ頃なされることが多いですか。

A

Answer 保険契約締結日後12か月以内になされるのが大半です。

- - - - - - - - - - - -
解　説
- - - - - - - - - - - -

　世界的な保険グループである AIG は、同グループがグローバルで引き受けた表明保証保険について、保険金請求（クレームとも呼ばれます）があった事例を分析したうえ、その結果を公表しています[1]（次頁図参照）。

　当該分析によれば、表明保証保険の保険金請求は、保険契約締結日後12か月以内になされるのが大半です。これは、表明保証違反が決算過程（特に監査）で判明するケースが多いという事情が背景にあると推測されます。

---

1 ）M&A：A rising tide of legal claims（2020）（分析対象は2011〜2018年にかけて AIG が引き受けた表明保証保険）。
https://www.aig.com/content/dam/aig/america-canada/us/documents/business/management-liability/aig-manda-2020-w-and-i.pdf（2023.8.10 時点）

■保険契約締結日から保険金請求がなされた日までの期間■

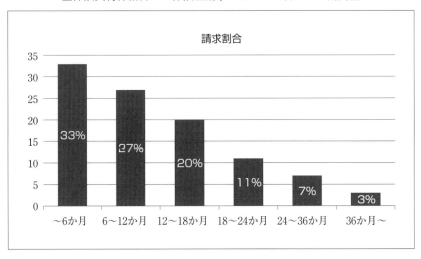

Question

Q73　表明保証保険の保険金請求は、どのような分野についてのものが多いですか。

- -

A　財務・会計分野での保険金請求が最も多いですが、地域ごと・業界ごとに特色が見受けられます。

Answer

- - - - - - - - - - - - - -
解　説
- - - - - - - - - - - - - -

1　AIG の分析

　世界的な保険グループである AIG は、同グループがグローバルで引き受けた表明保証保険について、保険金請求があった事例を分析し、同社が受けた保険金請求件数を分野別に分類したうえ[2]、その結果を公表しています[3]。当該分析によれば、問題となった表明保証違反の類型は、以下の図のとおりであり、財務・会計分野が最も違反が多いのがわかります。なお、同分析によれば、案件規模にもよりますが、保険金請求の発生率は、20％前後とされています。

2　地域ごとの分析

　地域ごとの特徴についての分析も公表されています[4]。上記 1 のとおり、世界的には、財務・会計分野に係る保険金クレームが最も多いですが、地域ごとに特色があります。

2）保険金請求が認められた件数（保険金支払件数）ではありませんので、注意してください。

3）M&A：A rising tide of legal claims（2020）（分析対象は2011〜2018年にかけて AIG が引き受けた表明保証保険）
https://www.aig.com/content/dam/aig/america-canada/us/documents/business/management-liability/aig-manda-2020-w-and-i.pdf（2023.8.10 時点）

■保険金請求された表明保証違反類型■

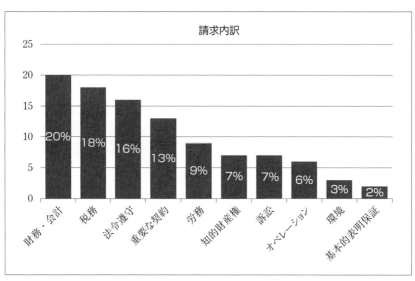

(1) 欧州、中東、アフリカ（EMEA）

欧州、中東、アフリカ（EMEA）では税務分野に係る保険金クレームが多いとされています。特に、ドイツでは、税務当局が積極的に企業への税務調査を実施していることが指摘されています。

(2) アジア・太平洋地域

アジア・太平洋地域では、財務・会計および重要な契約分野に係る保険金クレームが過半数に上ります。アジアでは税務申告用に（課税を少なくするために）二重帳簿を作成していることが多く見受けられます。

この問題は、デュー・ディリジェンスで検出できれば、帳簿の一本化など

4）M&A Insurance – The new normal?（2018）（分析対象は2011～2016年にかけて AIG が引き受けた表明保証保険）

https://www.aig.com/content/dam/aig/america-canada/us/documents/insights/aig-manda-claimsintelligence-2018-w-and-i.pdf（2023.8.10 時点）

の対応を要求することもできますが、クロージング後に判明した場合は、表明保証違反として補償請求することになります。このとき、表明保証保険を付保していれば、買主にとっては、有効な防御策となります。

　株式会社 LIXIL グループが、2014年に、ドイツの GROHE Group S.a.r.l グループを買収した約 1 年半後に、その子会社である Joyou AG による数百億円規模の不正会計が発覚したケースがあります。このケースでは、株式会社 LIXIL グループは、保険上限額300万ユーロ（自己負担額30百万ユーロ）、保険期間24か月（ただし、租税および基本的表明保証については 7 年間）とする買主用表明保証保険を購入していたため[5]）、当該保険に基づく保険金請求がされたものと考えられます。

(3) 米　　国

　米国では、法令遵守、財務・会計および重要な契約に係る保険金クレームが多いとされています。

3　業界ごとの分析

　業界ごと（製造業、ヘルスケア、テクノロジー、金融）のデータも公表されていますが[6]）、①製造業では財務・会計および重要な契約分野、②ヘルスケアでは法令遵守および税務分野、③テクノロジーでは税務および知的財産分野、④金融サービスでは財務・会計および重要な契約分野に係る保険金クレームが多いとされています。

　各業界（上記で触れたもの）の具体的なデータは以下の図（次頁〜）のとおりです。

---

5 ）株式会社 LIXIL グループ（平成28年 1 月18日付）「Joyou 問題に関する再発防止策の進捗状況について」。
6 ）前掲注 4 ）。

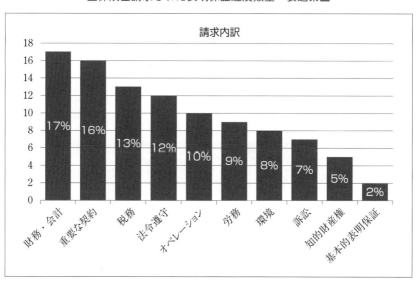

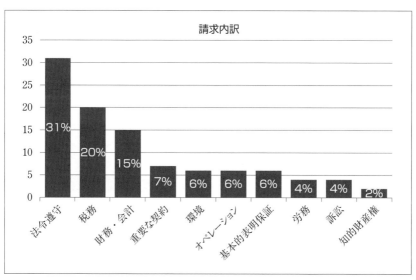

■保険金請求された表明保証違反類型：テクノロジー■

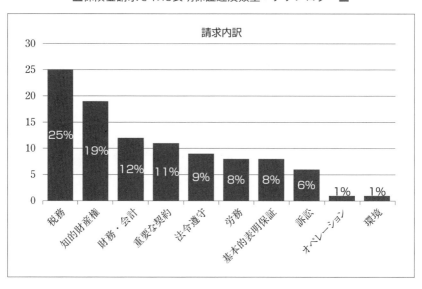

■保険金請求された表明保証違反類型：金融サービス■

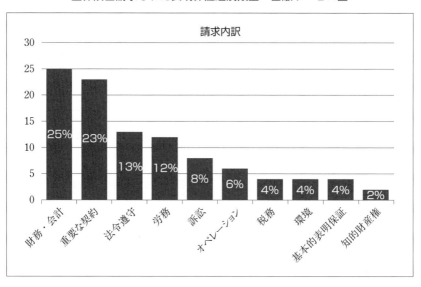

Question
Q74
日本企業が関与した表明保証保険に基づく保険金請求事件に関する裁判について教えてください。

- -

A

公表されている限り、国内企業同士のM&A取引に関するものは見当たりませんが、海外M&A取引との関係で公表されているものとしては、ニュージーランド非上場会社であるIndependent Liquor（NZ）Ltdの買収に際して、ASAHI HOLDINGS（AUSTRALIA）PTY LTD（アサヒホールディングス株式会社の現地子会社）が関与したものが有名です。

Answer

- - - - - - - - - - - -
解　説
- - - - - - - - - - - -

　ASAHI HOLDINGS（AUSTRALIA）PTY LTD（アサヒ）は、2011年8月、入札を勝ち抜き、SPCを通じ、海外PEファンド2社等から、Independent Liquor（NZ）Ltdを15億NZドルで買収する株式譲渡契約を締結しました[7]。取引実行（クロージング）日は、同年9月でした。

　しかし、2012年に入って間もなく、売主である海外PEファンドが、アサヒに対し、誤った財務情報を提供していたことが発覚しました。

　アサヒは、財務情報を前提に譲渡価額を算定していたため、これが誤っていたとすると、譲渡価額を不当に高く算定してしまったことになります。このため、これを問題視し、海外PEファンドおよび買主用表明保証保険の引受保険会社に対して訴訟を提起しました。

　これに対し、被告側は、適切な情報開示が行われたなどと反論しましたが、最終的には、2014年11月になって表明保証違反があったことを前提にした和解がなされ、2.2億NZドルの支払いがなされました。

―――――――――――――――

7）中島真嗣「豪州M&A表明保証保険（W&I Insurance）の実務」国際商事法務47巻3号（2019）289〜294頁、Sydney Morning Herald 2014年11月18日版。

Ⅲ　表明保証保険（M&A 保険）

　本件 M&A 取引には表明保証保険を付保されていました。そのため、アサ
ヒは、和解において、売主である海外 PE ファンドから0.67億 NZ ドルの支
払いを得た以外に、保険会社 3 社（共同保険）からも1.53億 NZ ドルの支払
いを得ることができ、その意味で表明保証保険を付保したことが功を奏した
ケースだといえます。

Question

Q75

買主用表明保証保険で保険会社が買主に保険金を支払った場合、保険会社は売主に保険代位するのでしょうか。

A

売主の詐欺的行為または故意による表明保証違反がある場合のみ、保険会社は売主に対して保険代位しますが、それ以外の場合は保険代位しません。

Answer

解　　説

1　保険代位

　保険代位とは、損害保険において保険者が損害の填補をした場合、被保険者が保険の目的（対象）について持っていた権利および被保険者が第三者に対して持つ権利を法律上当然に取得することをいいます。前者を残存物代位といい（保険法24条）、後者を請求権代位（同法25条）といいます。

　表明保証保険についていうと、保険会社は、保険金を買主に支払った場合、支払った限度で買主が売主に対して有する表明保証違反に基づく補償請求権を取得します（請求権代位）。

2　保険代位できる場合

　表明保証保険契約においては、保険会社は、売主の詐欺的行為または故意による表明保証違反があった場合に保険代位する旨規定し、あえて売主に対する補償請求権が取得できる場面を制限することがあります。

　このように保険代位できる場合が制限するのは、保険会社が保険金を支払った場合、常に保険会社が売主に対して保険代位し、表明保証違反に基づく補償請求をすると、売主にとっての表明証保険のメリットであるクリーン・イグジットとはならない等、表明保証保険を付けるメリットが乏しくなるからです。

　また、株式譲渡契約の補償条項はノンリコース型としつつ、売主に詐欺的行為または故意による表明保証違反があった場合は、買主が売主に対して補償請求できると株式譲渡契約に明記される場合もあります（Q30参照）。

Question

Q76

株式譲渡契約において、表明保証違反が判明した際には、保険会社への保険金請求をするものとし、売主が当該違反の補償を一切行わないとされている場合（ノンリコース型）においても、表明保証保険を付けることはできますか。

A

ノンリコース型の株式譲渡契約についても表明保証保険を付けることができます。

Answer

解　説

　表明保証保険は、買主の売主に対する表明保証違反に基づく補償請求をてん補するための保険ですので、株式譲渡契約において、売主が同契約上の表明保証違反の補償を一切行わない（売主に故意または詐欺的行為がない限り救済は保険会社に対する請求のみに限定する）場合、保険会社は、表明保証保険を付保することには慎重でした。

　もっとも、表明保証保険が一般化しリスク分析も進んできたこと、売主へ保険代位することは稀であること、売主からのクリーン・イグジットの要請が強くなってきたこと等から、保険会社も、十分な引受審査を行うことで、株式譲渡契約の補償条項がノンリコース型（Q30参照）の場合であっても、表明保証保険を引き受けているのが近年の傾向です。

　ただし、ノンリコース型の場合、モラルリスク排除の観点から、保険会社が表明保証保険を引き受ける際に、「売主の詐欺的行為または故意による表明保証違反があった場合は買主は売主に対して補償請求できる」等の条項を株式譲渡契約に追記することが求められることが通常です。

5　そ　の　他

Q77　保険金や保険料にはどのような税金がかかるのでしょうか。

A

Answer

保険金は、法人課税の対象となります。なお、保険料は、消費税の対象にはなりません。

解　説

1　保険金と課税

　保険会社から保険契約者（＝被保険者）に支払われる保険金は、課税所得であり、益金として算入されますので、損金が多額であった等の理由で課税を免れない限り、当該益金相当額に対しては、法人税が課税されることになります。

　なお、こうした課税に関しては、タックス・グロス・アップ（Tax gross up）という特約があります。当該課税がなされても、当該課税がなかったかのように保険金全額を享受できるよう、課税分を保険会社が補てんする特約です。ただし、日本の保険会社は、グロスアップ部分に課税されないようにしなければならない等、十分な税務的な検討が必要なことを理由に、こうしたタックス・グロス・アップの特約を付けることには必ずしも積極的ではありません。

2　保険料と課税

　保険料は、海外では課税対象になることがありますが、日本では課税対象になりません。

Question

Q78

表明保証保険以外にM&A取引で用いられることのある代表的な保険があれば、教えてください。

A

租税保険、環境保険、情報漏洩・サイバーセキュリティ保険、CFIUSリバース・ブレイク・フィー保険、訴訟バイアウト保険、偶発債務保険等がありますが、検討されることが多いのは、環境保険および租税保険です。

Answer

解　説

　租税保険、環境保険、情報漏洩・サイバーセキュリティ保険、CFIUSリバース・ブレイク・フィー保険、訴訟バイアウト保険、偶発債務保険等があります。このうち、実務で、検討頻度が高いのは、環境保険および租税保険です。

1　環境保険

　土壌汚染、水質汚染等の環境に関する問題は、リスクの大きさから表明保証保険のカバー外になることが多く、カバーされるとしても、当局から環境法令違反の通知等を受領していないという程度にとどまるのが一般的です。

　これに対しては、環境保険を付保すれば、過去の汚染リスクに加え、将来の新規汚染も保険でカバーすることができるようになります。

2　租税保険

　租税保険は、表明保証保険では通常カバーしない既知事項である税務リスクに対応します。たとえば、税務デュー・ディリジェンスで、租税当局との係争が発見されたものの決着がついていない場面では、既知事項なので表明保証保険でカバーされません。そこで、租税保険が検討されます。

IV

資　料

1　株式譲渡契約書例

中小企業庁「中小 M&A ガイドライン（第 2 版）―第三者への円滑な事業引継ぎに向けて―」（令和 5 年 9 月）「（参考資料 7）(4)株式譲渡契約書サンプル」を参考に引用しました。本書で紹介した内容をすべて網羅したものではない前提で、参照してください。

株式譲渡契約書

　【譲り渡し側株主】（以下「甲」という。）及び【譲り受け側】（以下「乙」という。）は、【譲り渡し側（株式会社)】（代表者：○○、本店所在地：○○。以下「対象会社」という。）の発行済株式の全てである普通株式○○株（以下「本株式」という。）の甲から乙に対する譲渡（以下「本株式譲渡」という。）に関し、本日、以下のとおり株式譲渡契約（以下「本契約」という。）を締結する。

第 1 章　本株式の譲渡

第 1 条（目的）

　　本契約は、対象会社の一層の発展を目指し、本株式を甲が乙に対して譲渡することにより、対象会社の経営権を乙に移転することを目的として、締結する。

第 2 条（本株式の譲渡）

　　甲は、乙に対し、本契約の規定に従い、○○年○○月○○日又は甲及び乙が書面により別途合意する日（以下「クロージング日」という。）において、本株式を譲り渡し、乙は甲から本株式を譲り受ける。

第 3 条（譲渡価格）

　　本株式譲渡における本株式の対価（以下「本譲渡価額」という。）は、○○円（1 株あたり金○○円）とする。

第 4 条（本株式譲渡の実行）

　1　甲は、乙に対し、クロージング日に、乙から本譲渡価額の支払を受けることと引換えに、次の各号の書類を交付する。

　　①　甲の印鑑証明書

② 本株式に係る株券

③ 第5条第2号及び第9条第1号に定める本株式譲渡を承認した対象会社の取締役会決議に係る議事録の原本証明付写し

④ 第12条第1項及び第2項に定める対象会社の全取締役及び全監査役の辞任届

⑤ 対象会社の株主名簿（クロージング日の前日時点でのもの）の原本証明付写し

2　乙は、甲に対し、クロージング日に、前項各号の書類の引渡しを受けることと引換えに、本譲渡価額を支払う。

3　前項の支払は、乙が下記の銀行口座に振込送金する方法により行う。ただし、振込手数料は乙の負担とする。

記

銀行支店名　　○○銀行○○支店

口座種別　　　普通預金

口座番号　　　○○

口座名義　　　甲

4　本株式譲渡の効力は、本条第1項に従い行われる株券の交付時に生じる。

5　甲及び乙は、クロージング日において、甲及び乙による本条第1項及び第2項の各義務の履行（以下「クロージング」という。）後直ちに、対象会社をして、本株式に係る甲から乙に対する株主名簿の名義書換を行わせる。

第2章　前提条件

第5条（乙のクロージングの前提条件）

乙は、クロージング日において甲について次の各号が満たされていることを前提条件として、第4条第2項に定める乙の義務を履行する。なお、クロージング日において以下の各号の条件が一部でも満たされていない場合には、乙は、第4条第2項に定める義務の履行を拒絶できるが、その任意の裁量により、以下の各号の条件の一部又は全部を放棄することができる。ただし、かかる条件の一部又は全部の放棄によっても、以下の各号の条件が充足したとみなされるものではなく、また、甲は、本契約に基づく表明及び保証の違反に基づく責任その他本契約

に定める甲の責任を減免されるものではない。

① 第7条に規定する甲の表明及び保証が、クロージング日において、真実かつ正確であること。ただし、軽微な点における誤りは除く。

② 第9条に規定する甲の義務が全て履行されていること。

第6条（甲のクロージングの前提条件）

　　甲は、クロージング日において乙について次の各号が満たされていることを前提条件として、第4条第1項に定める甲の義務を履行する。なお、クロージング日において以下の各号の条件が一部でも満たされていない場合には、甲は、第4条第1項に定める義務の履行を拒絶できるが、その任意の裁量により、以下の各号の条件の一部又は全部を放棄することができる。ただし、かかる条件の一部又は全部の放棄によっても、以下の各号の条件が充足したとみなされるものではなく、また、乙は、本契約に基づく表明及び保証の違反に基づく責任その他本契約に定める乙の責任を減免されるものではない。

① 第8条に規定する乙の表明及び保証が、クロージング日において、真実かつ正確であること。ただし、軽微な点における誤りは除く。

② 第10条に規定する乙の義務が全て履行されていること。

第3章　表明及び保証

第7条（甲の表明及び保証）

　　甲は、乙に対し、本契約締結日及びクロージング日において、別紙1に記載の各事項が真実かつ正確であることを表明し保証する。

第8条（乙の表明及び保証）

　　乙は、甲に対し、本契約締結日及びクロージング日において、別紙2に記載の各事項が真実かつ正確であることを表明し保証する。

第4章　クロージング前の取扱い

第9条（甲の義務）

　　甲は、乙に対し、本契約締結日後クロージングまでの間に、次の各号に定める義務を履行するものとする。

① 甲は、対象会社の取締役会をして、本株式譲渡を承認する旨の決議をさせ

なければならない。

②　甲は、対象会社をして、対象会社の活動を通常の事業活動の範囲内で行わせなければならず、通常の事業活動の範囲外の活動については、事前に乙の同意を得なければ行わせてはならない。

③　甲は、第7条に規定する表明保証に違反することとなる行為を行わず、違反の事実又はそのおそれが生じた場合、直ちにその旨並びに当該事実又はそのおそれの詳細を乙に対して通知する。

第10条（乙の義務）

　　乙は、甲に対し、本契約締結日後クロージングまでの間に、第8条に規定する表明保証に違反することとなる行為を行わず、違反の事実又はそのおそれが生じた場合、直ちにその旨並びに当該事実又はそのおそれの詳細を甲に対して通知する義務を負う。

第5章 クロージング後の取扱い

第11条（役員退職慰労金の支払）

1　乙は、対象会社をして、クロージング後速やかに、クロージングに際して対象会社の代表取締役を辞任する甲に対して○○円の役員退職慰労金を支払う旨の承認決議を行わせ、甲に対して当該役員退職慰労金を支払わせるものとする。

2　乙は、対象会社をして、前項の金員を、下記の銀行口座に振込送金する方法により支払わせる。ただし、振込手数料は対象会社の負担とする。

記

　　　　　　銀行支店名　　○○銀行○○支店
　　　　　　口座種別　　　普通預金
　　　　　　口座番号　　　○○
　　　　　　口座名義人　　甲

3　乙は、対象会社をして、本条に定める役員退職慰労金の支払について、法令等に従い、所要の源泉徴収を行わせる。

第12条（対象会社の役員）

1　甲は、クロージング日付の辞任届を作成して対象会社に提出し、クロージン

グに際して対象会社の取締役及び代表取締役を辞任する。

2　甲は、対象会社の甲以外の全取締役及び全監査役をして、クロージング日付の辞任届を作成させて対象会社に提出させ、クロージングに際して対象会社の取締役ないし監査役を辞任させる。

3　甲は、乙がクロージング日においてクロージング後直ちに対象会社の株主総会を開催して、乙が、(ⅰ)別途指定するとおり対象会社の定款を変更し、かつ、(ⅱ)別途指名する者を対象会社の役員に選任できるよう協力する。

第13条（甲の義務）

1　甲は、クロージング後、乙の合理的な求めに応じて、必要な引継ぎ（決算及び税務申告に関するものを含む。）について、合理的な範囲で協力する。甲及び乙は、別途協議して、引継ぎの詳細を取り決める。

2　甲は、本契約締結後○年間は、乙及び対象会社の書面による承諾がない限り、対象会社と競業関係に立つ業務を行わず、又は第三者をしてこれを行わせない。

3　甲は、本契約締結後○年間、自ら又はその関係者を通じて、対象会社の従業員を勧誘し、対象会社からの退職を促し、又はその他何らの働きかけも行わないことを約する。

4　甲は、乙又は対象会社が、甲の表明及び保証が正確若しくは真実でなかったこと又は甲の本契約上の債務不履行に関し、第三者から損害賠償の請求その他のクレームを受けた場合、乙からの求めに応じ、当該クレームの処理につき乙又は対象会社に協力する。

5　甲は、本株式について、所有権、株主権その他の権利を主張する第三者の存在が判明した場合には、甲の費用と責任において、当該第三者が主張する本株式に関する一切の権利を消滅させる。

6　甲は、クロージング前の商取引等に関する税務調査を受けた乙から連絡を受けた場合には、相互に協力して対応する。

第14条（乙の義務）

1　乙は、原則として、クロージング後、対象会社の従業員を全員継続雇用する。

2　乙は、クロージング前の商取引等に関する税務調査を受けた甲から連絡を受

けた場合には、相互に協力して対応する。

3 乙は、対象会社をして、対象会社の債務を対象会社の役職員が対象会社のために保証している契約につき、当該契約の相手方と書面又は口頭による交渉を行い、当該保証の解除を合意させ、かつ、当該保証が合意解除されたことを示す書類を甲に交付するよう最大限努力する。甲が対象会社のために保証している契約について、保証債務の履行その他の損害、損失又は費用が発生した場合には、乙は、甲の損害、損失又は費用を補償する。

第6章 解除

第15条（本契約の解除）

1 甲及び乙は、相手方に本契約に定める表明保証、義務又は約束に違反があった場合、相当期間を定めて催告し、相手方が当該期間内にこれを是正しないときは、クロージング前に限り、本契約を解除することができる。

2 甲及び乙は、前項の定めにかかわらず、相手方が、別紙1の(1)⑤及び(2)⑭に規定する第7条に基づく甲の表明及び保証に違反した場合又は別紙2の⑤に規定する第8条に基づく乙の表明及び保証に違反した場合には、相手方に対して書面で通知することで、本契約を解除することができる。

3 本契約の解除後も、第7章の規定に基づく補償の請求は妨げられない。

第7章 補償

第16条（甲による補償）

1 甲は、乙に対し、第7条に定める甲の表明保証の違反又は本契約に基づく甲の義務の違反に起因又は関連して乙が被った損害、損失又は費用（合理的な弁護士費用を含む。以下「損害等」という。）を補償する。

2 前項の補償のうち、甲の表明保証の違反に基づく補償責任は、乙が、クロージング日から○年経過するまでに書面により甲に請求した場合に限り生じるものとし、合計損害額○○円を上限とする。

3 甲は、乙が第1項に基づく補償の請求の対象となる自らの損害等の拡大を防止するための措置を執らなかったことにより拡大した損害等については、第1項に基づく補償責任を条理上合理的な範囲で免れるものとする。

4 本契約に商法第526条の規定は適用されないものとする。

第17条（乙による補償）

1 乙は、甲に対し、第8条に定める乙の表明保証の違反又は本契約に基づく乙の義務の違反に起因又は関連して甲が被った損害等を補償する。

2 前項の補償のうち、乙の表明保証の違反に基づく補償責任は、甲が、クロージング日から○年経過するまでに書面により乙に請求した場合に限り生じるものとし、合計損害額○○円を上限とする。

3 乙は、甲が第1項に基づく補償の請求の対象となる自らの損害等の拡大を防止するための措置を執らなかったことにより拡大した損害等については、第1項に基づく補償責任を条理上合理的な範囲で免れるものとする。

第8章　一般条項

第18条（秘密保持義務）

1 甲及び乙は、本契約締結日から○年間、(i)本契約の検討又は交渉に関連して相手方から開示を受けた情報、(ii)本契約の締結の事実並びに本契約の存在及び内容、並びに(iii)本契約に係る交渉の経緯及び内容に関する事実（以下「秘密情報」と総称する。）を、相手方の事前の書面による承諾なくして第三者に対して開示してはならず、また、本契約の目的以外の目的で使用してはならない。ただし、上記(i)の秘密情報のうち、以下の各号のいずれかに該当する情報は、秘密情報に該当しない。

① 開示を受けた時点において、既に公知の情報

② 開示を受けた時点において、情報受領者が既に正当に保有していた情報

③ 開示を受けた後に、情報受領者の責に帰すべき事由によらずに公知となった情報

④ 開示を受けた後に、情報受領者が正当な権限を有する第三者から秘密保持義務を負うことなく正当に入手した情報

⑤ 情報受領者が秘密情報を利用することなく独自に開発した情報

2 甲及び乙は、前項の規定にかかわらず、以下の各号のいずれかに該当する場合には、秘密情報を第三者に開示することができる。

① 自己（甲においては対象会社を含む。）の役員及び従業員並びに弁護士、

公認会計士、税理士、司法書士及びフィナンシャル・アドバイザーその他の
アドバイザーに対し、本契約に基づく取引のために合理的に必要とされる範
囲で秘密情報を開示する場合。ただし、開示を受ける者が少なくとも本条に
定める秘密保持義務と同様の秘密保持義務を法令又は契約に基づき負担する
場合に限るものとし、かかる義務の違反については、その違反した者に対し
て秘密情報を開示した当事者が自ら責任を負う。

② 法令等の規定に基づき、裁判所、政府、規制当局、所轄官庁その他これら
に準じる公的機関・団体（事業承継・引継ぎ支援センターを含む。）等によ
り秘密情報の開示を要求又は要請される場合に、合理的に必要な範囲で当該
秘密情報を開示する場合。なお、かかる場合、相手方に対し、かかる開示の
内容を事前に（それが法令等上困難である場合は、開示後可能な限り速やか
に）通知しなければならない。

第19条（第三者への公表日）

1 本契約締結及びこれに関する一切の事実の対外的公表の日（以下「公表日」
という。）は、○○年○○月○○日とする。当該対外的公表の方法等について
は、甲及び乙が協議の上決定する。

2 各当事者は、公表日まで、本契約締結及びこれに関する一切の事実について
秘密保持に努めるものとする。

第20条（公租公課及び費用）

甲及び乙は、原則として、本契約及び本契約が予定する取引に関連して発生す
る公租公課、アドバイザーに対する費用・報酬、その他一切の費用については、
各自これを負担する。

第21条（通知等）

本契約に関する相手方に対する通知等は、後記当事者欄記載の住所ないし所在
地に対して行われる。ただし、甲及び乙は、本契約締結後、書面により相手方に
通知することにより、連絡先の変更を行うことができる。本条に従い通知等がさ
れたにもかかわらず、当該通知等が延着し又は未着となった場合、通常到達すべ
き日に到達したものとみなされ、その効力が発生する。

第22条（残存効）

本契約が終了した場合であっても、第7章及び第8章（第19条を除く。）の規

定は引き続き効力を有する。

第23条（完全合意）

　　本契約は、本株式譲渡に関する当事者の完全な合意であり、これ以前に本株式譲渡に関して甲及び乙間で交わされた文書、口頭を問わず、いかなる取決め（秘密保持に関する契約を含む。）も全て失効する。

第24条（契約上の地位又は権利義務の譲渡等）

　　甲及び乙は、相手方の書面による事前の承諾を得ない限り、本契約上の地位又は本契約に基づく権利義務につき、直接又は間接を問わず、第三者に譲渡、移転、承継又は担保権の設定その他の処分をしてはならない。

第25条（条項の可分性）

　　本契約の一部の条項が無効、違法又は執行不能となった場合においても、その他の条項の有効性、適法性及び執行可能性はいかなる意味においても損なわれることなく、また、影響を受けない。

第26条（準拠法・管轄）

　1　本契約は、日本法に準拠し、これに従って解釈される。

　2　本契約に関する一切の紛争（調停を含む。）については、○○地方裁判所を第一審の専属的合意管轄裁判所とする。

第27条（誠実協議）

　　甲及び乙は、本契約に定めのない事項及び本契約の条項に関して疑義が生じた場合には、信義誠実の原則に従い、誠実に協議の上解決する。

　　　　　　　　　　　　　　（以下、本頁余白）

　本契約締結の証として本書2通を作成し、甲乙記名押印の上、各1通を保有する。

○○年○○月○○日

　　　　　　　　　　　　　　　　甲
　　　　　　　　　　　　　　　　(住所)
　　　　　　　　　　　　　　　　(氏名)　　　　　　　㊞
　　　　　　　　　　　　　　　　乙
　　　　　　　　　　　　　　　　(所在地)
　　　　　　　　　　　　　　　　(名称)
　　　　　　　　　　　　　　　　(代表者)　　　　　　㊞

Ⅳ　資　　　料

（別紙１）甲が表明及び保証する事項

⑴　甲に関する表明及び保証

①　自然人

甲は、日本国籍を有し日本国に居住する自然人であること。

②　本契約の締結及び履行

甲は、本契約を適法かつ有効に締結し、これを履行するために必要な権限及び権能を全て有しており、法令等上の制限及び制約を受けていないこと。

③　強制執行可能性

本契約は、甲により適法かつ有効に締結されており、かつ乙により適法かつ有効に締結された場合には、甲の適法、有効かつ法的拘束力のある義務を構成し、かかる義務は、本契約の各条項に従い、甲に対して執行可能であること。

④　法令等との抵触の不存在

甲による本契約の締結及び履行は、(ⅰ)甲に適用ある法令等又は司法・行政機関等の判断等に違反するものではなく、(ⅱ)甲が当事者である契約等について、債務不履行事由等を構成するものではないこと。また、甲による本契約の締結又は履行に重大な影響を及ぼす、甲を当事者とする訴訟等は係属しておらず、かつ、将来かかる訴訟等が係属するおそれもないこと。

⑤　反社会的勢力との関係の不存在

甲は、反社会的勢力ではなく、反社会的勢力との間に取引、資金の提供、便宜の供与、経営への関与その他一切の関係又は交流がないこと。

なお、反社会的勢力とは、以下の者のことを指し、本契約において以下同じとする。

ⅰ　暴力団（その団体の構成員（その団体の構成団体の構成員を含む。）が集団的に又は常習的に暴力的不法行為等を行うことを助長するおそれがある団体をいう。）

ⅱ　暴力団員（暴力団の構成員をいう。）

ⅲ　暴力団準構成員（暴力団員以外の暴力団と関係を有する者であって、暴力団の威力を背景に暴力的不法行為等を行うおそれがある者、又は暴力団若しくは暴力団員に対し資金、武器等の供給を行う等、暴力団の維持若しくは運営に協力し若しくは関与する者をいう。）

　ⅳ　暴力団関係企業（暴力団員が実質的にその経営に関与している企業、暴力団準構成員若しくは元暴力団員が経営する企業で暴力団に資金提供を行う等、暴力団の維持若しくは運営に積極的に協力し若しくは関与する企業又は業務の遂行等において積極的に暴力団を利用し暴力団の維持若しくは運営に協力している企業をいう。）

　ⅴ　総会屋等（総会屋、会社ゴロ等企業等を対象に不正な利益を求めて暴力的不法行為等を行うおそれがあり、市民生活の安全に脅威を与える者をいう。）

　ⅵ　社会運動等標ぼうゴロ（社会運動若しくは政治活動を仮装し、又は標ぼうして、不正な利益を求めて暴力的不法行為等を行うおそれがあり、市民生活の安全に脅威を与える者をいう。）

　ⅶ　特殊知能暴力集団等（上記ⅰないしⅳに掲げる者以外の、暴力団との関係を背景に、その威力を用い、又は暴力団と資金的なつながりを有し、構造的な不正の中核となっている集団又は個人をいう。）

　ⅷ　その他上記ⅰないしⅶに準ずる者

⑥　倒産手続等の不存在

　　甲について、支払停止、手形不渡、銀行取引停止等の事由は生じておらず、かつ、破産、民事再生等の倒産手続開始の申立てはされておらず、それらの申立て事由も生じておらず、私的整理も行われていないこと。

⑦　対象会社との取引の不存在

　　クロージング日において、甲と対象会社の間には、甲が対象会社の役員として提供する役務及びそれに対する報酬等の支払を除き、役務、便益の提供その他の取引（契約書の有無を問わない。）は存在しないこと。ただし、本契約において記載がある事項については、この限りではない。

(2)　対象会社に関する表明及び保証

①　対象会社の設立及び存続

　　対象会社は、日本法に基づき適法かつ有効に設立され、かつ存続する株式会社であり、現在行っている事業に必要な権限及び権能を有していること。

②　対象会社の株式

　ⅰ　対象会社の発行済株式は本株式が全てであること。本株式は、その全てが

適法かつ有効に発行され、全額払込済みの普通株式であること。

　　ⅱ　甲は、本株式の全てを何らの負担、制限及び制約のない状態で、適法かつ
　　　有効に、本株式を所有していること。

　　ⅲ　本株式について、訴訟等、クレーム等、司法・行政機関等の判断等は存在
　　　しないこと。

　　ⅳ　対象会社は、転換社債、新株引受権付社債、新株引受権、新株予約権、新
　　　株予約権付社債その他対象会社の株式を取得できる権利を発行又は付与して
　　　いないこと。

③　子会社及び関連会社の不存在

　　対象会社は、子会社及び関連会社を有していないこと。

④　倒産手続等の不存在

　　対象会社について、支払停止、手形不渡、銀行取引停止等の事由は生じてお
　らず、かつ、破産、民事再生、会社更生、特別清算等の倒産手続開始の申立て
　はされておらず、それらの申立て事由も生じておらず、私的整理も行われてい
　ないこと。

⑤　計算書類等

　　○○年○○月○○日を終期とする事業年度に係る対象会社の計算書類その他
　の甲が乙に開示した計算書類等（以下「本計算書類等」という。）は、適用あ
　る法令等及び日本において一般に公正妥当と認められる企業会計の基準に従っ
　て作成されており、その作成基準日及び対象期間における対象会社の財政状態
　及び経営成績を、重要な点において正確に示していること。

⑥　資産

　　対象会社は、その事業の遂行のために使用している有形又は無形資産につ
　き、有効かつ対抗要件を具備した所有権、賃借権又は使用権を保有しており、
　かかる資産上には対象会社以外の者に対する債権を被担保債権とする担保権は
　存在しないこと。また、対象会社の所有に係る不動産は、良好な状態に維持さ
　れており、重要な変更を加えられていないこと。

⑦　知的財産権

　　対象会社は、その事業を遂行するにあたり必要な全ての特許権、実用新案
　権、意匠権、商標権、著作権その他の知的財産権（以下「知的財産権」とい

う。）について、自ら保有するか又は知的財産権を使用する権利を有しており、第三者の知的財産権を侵害しておらず、過去に侵害した事実もなく、侵害しているとのクレームを受けたこともないこと。また、第三者が対象会社の知的財産権を侵害している事実もないこと。

⑧　負債

対象会社は、保証契約、保証予約、経営指導念書、損失補填契約、損害担保契約その他第三者の債務を負担し若しくは保証し、又は第三者の損失を補填し若しくは担保する契約の当事者ではないこと。対象会社は、○○年○○月○○日以降、通常の業務過程で生じる債務及び負債、本計算書類等に記載された負債、第11条に従い甲に支払われる役員に係る役員退職慰労金債務を除き、一切の債務及び負債を負担していないこと。

⑨　重要な契約

対象会社が締結する重要な契約は全て有効に成立・存続し、それぞれ各契約の全当事者を拘束し、かつ執行可能な義務を構成すること。全ての重要な契約に関し、これらの内容を変更若しくは修正し、又は契約の効果を減ずるような約束は、口頭又は文書を問わず一切存在しないこと。全ての重要な契約について、本契約の締結及び履行は解除事由又は債務不履行を構成せず、また、当該契約の相手方による理由なき解除を認める規定は存在しないこと。全ての重要な契約について、対象会社の債務不履行の事実は存在せず、また、今後債務不履行が発生するおそれもないこと。

⑩　競業避止義務の不存在

対象会社は、取引先等の契約において、競業避止義務等の義務のうち、その事業の遂行に重大な影響を与える制限を内容とする義務を負っていないこと。

⑪　労働関係

対象会社は、その従業員に対し法令等上支払義務を負っている全ての賃金を支払っていること。対象会社には、ストライキ、ピケッティング、業務停止、怠業その他従業員との間での労働紛争は存在しないこと。対象会社は、いかなる従業員に対しても、退職金等の経済的利益を提供する義務を負っていないこと。対象会社においては、以下の労働組合が組織されており、対象会社と当該労働組合との間で以下の労働協約が締結されていること及び以下に記載された

もの以外に組織された労働組合はなく、締結されている労働協約も存在しないこと。

（略）

⑫　税務申告等の適正

　　対象会社は、過去７年間、国内外において、法人税をはじめとする各種課税項目及び社会保険料等の公租公課について適法かつ適正な申告を行っており、適時にその支払を完了していること。また、クロージング日以前の事業に関して、対象会社に対する課税処分がなされるおそれは存在しないこと。

⑬　法令遵守

　　対象会社は、過去○年間において、適用ある法令等（労働関連の各法令等を含む。）及び司法・行政機関等の判断等を、重要な点において、遵守しており、重要な点において、これらに違反したことはないこと。対象会社は、過去○年間において、事業停止等の一切の行政処分を受けていないこと。

⑭　反社会的勢力との関係の不存在

　　対象会社及びその役員は反社会的勢力ではなく、反社会的勢力との間に取引、資金の提供、便宜の供与、経営への関与その他一切の関係又は交流がないこと。対象会社の従業員は、甲の知る限り、反社会的勢力ではなく、反社会的勢力との間に取引、資金の提供、便宜の供与、経営への関与その他一切の関係又は交流がないこと。

⑮　情報開示

　　本契約の締結及び履行に関連して、甲又は対象会社が、乙に開示した本株式又は対象会社に関する一切の情報（本契約締結日前後を問わず、また、書面等の記録媒体によると口頭によるとを問わない。）は、重要な点において、全て真実かつ正確であること。

著者において中小企業庁「中小 M&A ガイドライン（第２版）―第三者への円滑な事業引継ぎに向けて―」（令和５年９月）「（参考資料７）各種契約書等サンプル」には記載がない、対象会社に関する表明保証条項について、以下（○）に追記したので、ご参照ください。

○　許認可

　　対象会社は、対象会社が現在営んでいる事業の継続のために必要な又は要求される許認可等を適切かつ有効に取得しかつ維持し、かかる許認可等の条項及び条件に従ってその業務を履行している。

○　環境

　　対象会社が所有、占有又は使用する資産に関して、適用される全ての環境関連の法令等が遵守されており、かつ、適用ある環境基準が満たされている。対象会社は、司法・行政機関等又はその他の第三者から環境に関するクレーム等、指導、通知、命令、勧告又は調査を受けておらず、そのおそれもない。

○　訴訟手続

　　別添○に記載されたものを除き、対象会社が当事者である訴訟等は一切存在せず、また、売主の知る限り、そのような訴訟等が提起又は開始されるおそれもない。

○　関連当事者間取引

　　別添○に記載されたものを除き、対象会社と売主又はその子会社若しくは関連会社との間の契約等は存在しない。

○　アドバイザリーフィー等の不存在

　　本件に関連し、売主のために行動するブローカー又はアドバイザーについて、フィーその他の支払義務を負担していない。

（別紙２） 乙が表明及び保証する事項

① 設立及び存続

　　乙は、日本法に基づき適法かつ有効に設立され、かつ存続する株式会社であり、現在行っている事業に必要な権限及び権能を全て有しており、法令等上の制限及び制約を受けていないこと。

② 本契約の締結及び履行

　　乙は、本契約を適法かつ有効に締結し、これを履行するために必要な権限及び権能を有していること。乙による本契約の締結及び履行は、その目的の範囲内の行為であり、乙は、本契約の締結及び履行に関し、法令等又は乙の定款その他内部規則において必要とされる手続を全て適法に履践していること。

③ 強制執行可能性

　　本契約は、乙により適法かつ有効に締結されており、かつ甲により適法かつ有効に締結された場合には、乙の適法、有効かつ法的拘束力のある義務を構成し、かかる義務は、本契約の各条項に従い、乙に対して執行可能であること。

④ 法令等との抵触の不存在

　　乙による本契約の締結及び履行は、(i)乙に適用ある法令等又は司法・行政機関等の判断等に違反するものではなく、(ii)乙の定款その他内部規則に違反するものではなく、(iii)乙が当事者である契約等について、債務不履行事由等を構成するものではないこと。また、乙による本契約の締結又は履行に重大な影響を及ぼす、乙を当事者とする訴訟等は係属しておらず、かつ、将来かかる訴訟等が係属するおそれもないこと。

⑤ 反社会的勢力との関係の不存在

　　乙及びその役員は反社会的勢力ではなく、反社会的勢力との間に取引、資金の提供、便宜の供与、経営への関与その他一切の関係又は交流がないこと。乙の従業員は、乙の知る限り、反社会的勢力ではなく、反社会的勢力との間に取引、資金の提供、便宜の供与、経営への関与その他一切の関係又は交流がないこと。

⑥ 倒産手続等の不存在

　　乙について、支払停止、手形不渡、銀行取引停止等の事由は生じておらず、かつ、破産、民事再生、会社更生、特別清算等の倒産手続開始の申立てはされ

ておらず、それらの申立て事由も生じておらず、私的整理も行われていないこ
と。

2 費用・利益保険普通保険約款の例
（あいおいニッセイ同和損害保険株式会社）

費用・利益保険普通保険約款

第1章　補償条項

第1条（保険金を支払う場合）

　　当社は、偶然な事故（以下「事故」といいます。）によって被保険者が被る損害（費用損害または喪失利益損害をいいます。以下同様とします。）に対して、この普通保険約款に従い、保険金を支払います。

第2条（保険金を支払わない場合）

⑴　当社は、次のいずれかに該当する事由によって生じた損害に対しては、保険金を支払いません。

　①　保険契約者、被保険者（保険契約者または被保険者が法人である場合は、その理事、取締役または法人の業務を執行するその他の機関をいいます。）またはこれらの者の法定代理人の故意もしくは重大な過失または法令違反

　②　被保険者でない者が保険金の全部または一部を受け取るべき場合においては、その者（その者が法人である場合は、その理事、取締役または法人の業務を執行するその他の機関をいいます。）またはその者の法定代理人の故意もしくは重大な過失または法令違反。ただし、他の者が受け取るべき金額については除きます。

⑵　当社は、次のいずれかに該当する事由によって生じた損害（これらの事由によって発生した事故が拡大して生じた損害、および発生原因がいかなる場合でも事故がこれらの事由によって拡大して生じた損害を含みます。）に対しては、保険金を支払いません。

　①　戦争、外国の武力行使、革命、政権奪取、内乱、武装反乱その他これらに類似の事変または暴動（群衆または多数の者の集団の行動によって、全国または一部の地区において著しく平穏が害され、治安維持上重大な事態と認められる状態をいいます。）

　②　地震もしくは噴火またはこれらによる津波

③ 核燃料物質（使用済燃料を含みます。以下同様とします。）もしくは核燃料物質によって汚染された物（原子核分裂生成物を含みます。）の放射性、爆発性その他の有害な特性またはこれらの特性による事故

第3条（保険金の支払額）

当社が、支払うべき保険金の額は、次の算式によって算出される額とします。ただし、支払限度額を限度とします。

$$\boxed{保険金の額} \quad = \quad \boxed{損害の額（注）} \quad - \quad \boxed{保険証券記載の免責金額}$$

（注）損害が生じたことにより他人から回収した金額がある場合は、この金額を差し引いた額とします。以下同様とします。

第2章 基本条項

第4条（保険責任の始期および終期）

(1) 当社の保険責任は、保険証券記載の保険期間（以下「保険期間」といいます。）の初日（以下「始期日」といいます。）の午後4時に始まり、末日の午後4時に終わります。ただし、保険証券の保険期間欄にこれと異なる開始時刻が記載されている場合は、その時刻に始まるものとします。

(2) 本条(1)の時刻は、日本国の標準時によるものとします。

第5条（保険料の払込方法）

(1) 保険契約者は、この普通保険約款に付帯される特約の規定により定めた保険料の払込方法に従い、この保険契約の保険料を払い込まなければなりません。ただし、この普通保険約款に付帯される特約の規定により保険料の払込方法を定めなかった場合には、保険料は、保険契約の締結と同時にその全額を払い込まなければなりません。

(2) 保険期間が始まった後でも、保険契約者が保険料の払込みを怠った場合は、この普通保険約款に付帯される特約で別に定める場合を除き、当社は、始期日から保険料領収までの間に生じた事故による損害に対しては、保険金を支払いません。

第6条（保険責任のおよぶ地域）

当社は、日本国内において生じた事故による損害に対してのみ保険金を支払い

ます。

第7条（告知義務）

(1)　保険契約者または被保険者になる者は、保険契約締結の際、保険申込書（当社にこの保険契約の申込みをするために提出する書類をいい、申込みに必要な内容を記載した付属書類がある場合は、これらの書類を含みます。以下同様とします。）の記載事項について、当社に事実を正確に告げなければなりません。

(2)　当社は、保険契約締結の際、保険契約者または被保険者が、保険申込書の記載事項について、故意または重大な過失によって事実を告げなかった場合または事実と異なることを告げた場合は、保険契約者に対する書面による通知をもって、この保険契約を解除することができます。

(3)　本条(2)の規定は、次のいずれかに該当する場合には適用しません。

　①　本条(2)に規定する事実がなくなった場合

　②　当社が保険契約締結の際、本条(2)に規定する事実を知っていた場合または過失によってこれを知らなかった場合（当社のために保険契約の締結の代理を行う者が、事実を告げることを妨げた場合または事実を告げないこともしくは事実と異なることを告げることを勧めた場合を含みます。）

　③　保険契約者または被保険者が、事故による損害の発生前に、保険申込書の記載事項につき、書面をもって訂正を当社に申し出て、当社がこれを承認した場合。なお、当社が、訂正の申出を受けた場合において、その訂正を申し出た事実が、保険契約締結の際に当社に告げられていたとしても、当社が保険契約を締結していたと認めるときに限り、これを承認するものとします。

　④　次のいずれかに該当する場合

　　ア．当社が、本条(2)の規定による解除の原因があることを知った時から1か月を経過した場合

　　イ．保険契約締結時から5年を経過した場合

(4)　本条(2)に規定する事実が、当社が保険申込書において定めた危険（損害の発生の可能性をいいます。）に関する重要な事項に関係のないものであった場合には、本条(2)の規定を適用しません。ただし、他の保険契約等（この保険契約の全部または一部に対して支払責任が同じである他の保険契約または共済契約をいいます。以下同様とします。）に関する事項については、本条(2)の規定を

適用します。

(5) 本条(2)の規定による解除が事故による損害の発生した後になされた場合であっても、第16条（保険契約の解約・解除の効力）の規定にかかわらず、当社は、保険金を支払いません。この場合において、既に保険金を支払っていたときは、当社は、その返還を請求することができます。

(6) 本条(5)の規定は、本条(2)に規定する事実に基づかずに発生した事故による損害については適用しません。

第8条（通知義務）

(1) 保険契約締結の後、保険申込書の記載事項の内容に変更を生じさせる事実（保険申込書の記載事項のうち、保険契約締結の際に当社が交付する書面等においてこの条の適用がある事項として定めたものに関する事実に限ります。）が発生した場合には、保険契約者または被保険者は、事実の発生がその責めに帰すべき事由によるときはあらかじめ、責めに帰すことのできない事由によるときはその発生を知った後、遅滞なく、その旨を当社に申し出て、承認を請求しなければなりません。ただし、その事実がなくなった場合には、当社に申し出る必要はありません。

(2) 本条(1)の事実がある場合（本条(4)ただし書の規定に該当する場合を除きます。）には、当社は、その事実について変更届出書を受領したと否とを問わず、保険契約者に対する書面による通知をもって、この保険契約を解除することができます。

(3) 本条(2)の規定は、次のいずれかに該当する場合には適用しません。

① 当社が本条(2)の規定による解除の原因があることを知った時から1か月を経過した場合

② 本条(1)の事実が生じた時から5年を経過した場合

(4) 保険契約者または被保険者が本条(1)に規定する手続を怠った場合には、当社は、本条(1)の事実が発生した時または保険契約者もしくは被保険者がその発生を知った時から当社が変更届出書を受領するまでの間に生じた事故による損害に対しては、保険金を支払いません。ただし、本条(1)に規定する事実が発生した場合において、変更後の保険料が変更前の保険料より高くならなかったときは除きます。

IV 資 料

(5) 本条(4)の規定は、本条(1)の事実に基づかずに発生した事故による損害については適用しません。

第9条（保険契約者の住所変更）

　保険契約者が保険証券記載の住所または通知先を変更した場合は、保険契約者は、遅滞なく、その旨を当社に通知しなければなりません。

第10条（保険契約に関する調査）

　当社は、いつでも保険契約に関して必要な調査をすることができ、保険契約者または被保険者は、これに協力しなければなりません。

第11条（保険契約の無効）

　保険契約者が、保険金を不法に取得する目的または第三者に保険金を不法に取得させる目的をもって締結した保険契約は無効とします。

第12条（保険契約の取消）

　保険契約者または被保険者の詐欺または強迫によって当社が保険契約を締結した場合には、当社は、保険契約者に対する書面による通知をもって、この保険契約を取り消すことができます。

第13条（保険契約者による保険契約の解約）

　保険契約者は、当社に対する書面による通知をもって、この保険契約を解約することができます。ただし、この場合において、当社が未払込保険料（解約時までの既経過期間に対して払い込まれるべき保険料のうち、払込みがなされていない保険料をいいます。）を請求したときには、保険契約者は、その保険料を払い込まなければなりません。

第14条（当社による保険契約の解除）

　当社は、次のいずれかに該当する場合には、保険契約者に対する書面による通知をもって、この保険契約を解除することができます。

　①　保険契約者または被保険者が、正当な理由がなく第10条（保険契約に関する調査）の調査を拒否した場合。ただし、その拒否の事実があった時から1か月を経過した場合には、解除することはできません。

　②　保険契約者が第17条（保険料の返還または請求－告知義務・通知義務等の場合）の①または②の追加保険料の払込みを怠った場合（当社が、保険契約者に対し追加保険料の請求をしたにもかかわらず相当の期間内にその払込み

がなかった場合に限ります。)

第15条(重大事由がある場合の当社による保険契約の解除)

(1) 当社は、次のいずれかに該当する事由がある場合には、保険契約者に対する書面による通知をもって、この保険契約を解除することができます。

① 保険契約者または被保険者が、当社にこの保険契約に基づく保険金を支払わせることを目的として損害を生じさせ、または生じさせようとしたこと。

② 被保険者が、この保険契約に基づく保険金の請求について、詐欺を行い、または行おうとしたこと。

③ 保険契約者が、次のいずれかに該当すること。なお、この普通保険約款において反社会的勢力とは、暴力団、暴力団員(暴力団員でなくなった日から5年を経過しない者を含みます。)、暴力団準構成員、暴力団関係企業その他の反社会的勢力をいいます。

ア.反社会的勢力に該当すると認められること。

イ.反社会的勢力に対して資金等を提供し、または便宜を供与する等の関与をしていると認められること。

ウ.反社会的勢力を不当に利用していると認められること。

エ.法人である場合において、反社会的勢力がその法人の経営を支配し、またはその法人の経営に実質的に関与していると認められること。

オ.その他反社会的勢力と社会的に非難されるべき関係を有していると認められること。

④ 上記①から③までに掲げるもののほか、保険契約者または被保険者が、上記①から③までの事由がある場合と同程度に当社のこれらの者に対する信頼を損ない、この保険契約の存続を困難とする重大な事由を生じさせたこと。

(2) 当社は、被保険者が本条(1)の③のいずれかに該当する場合には、保険契約者に対する書面による通知をもって、この保険契約(被保険者が複数である場合は、その被保険者に係る部分とします。)を解除することができます。

(3) 本条(1)または(2)の規定による解除が事故による損害の発生した後になされた場合であっても、第16条(保険契約の解約・解除の効力)の規定にかかわらず、本条(1)または(2)の解除の原因となる事由が生じた時から解除がなされた時までに発生した事故による損害に対しては、当社は、保険金を支払いません。

　　この場合において、既に保険金を支払っていたときは、当社は、その返還を請求することができます。

⑷　保険契約者または被保険者が本条⑴の③のいずれかに該当することにより本条⑴または⑵の規定による解除がなされた場合には、本条⑶の規定は、本条⑴の③のいずれにも該当しない被保険者に生じた損害については適用しません。

第16条（保険契約の解約・解除の効力）

　　保険契約の解約または解除は、将来に向かってのみその効力を生じます。

第17条（保険料の返還または請求－告知義務・通知義務等の場合）

　　当社は、次のいずれかに該当する場合において、保険料を変更する必要があるときは、保険料の返還または追加保険料の請求について、次のとおりとします。ただし、この保険契約の保険期間が1年を超えまたは1年に満たない場合等において、当社が別に定める方法により保険料を返還または追加保険料を請求することがあります。

区分	保険料の返還、追加保険料の請求
①　第7条（告知義務）⑴により告げられた内容が事実と異なる場合	変更前の保険料と変更後の保険料との差額を返還または請求します。

	次のア．またはイ．のとおりとします。なお、返還または請求する保険料は保険契約者または被保険者の申出に基づき、第8条(1)の事実が発生した時以後の期間に対して算出した額とします。
②　第8条（通知義務）(1)の事実が発生した場合	ア．変更後の保険料が変更前の保険料よりも高くなる場合は、次の算式により算出した額を請求します。

$$\boxed{\text{変更前の保険料と変更後の保険料との差額}} \times \dfrac{\text{未経過日数}}{365}$$

イ．変更後の保険料が変更前の保険料よりも低くなる場合は、次の算式により算出した（ア）または（イ）のいずれか低い額を返還します。

（ア）

$$\boxed{\text{変更前の保険料と変更後の保険料との差額}} \times \dfrac{\text{未経過日数}}{365}$$

（イ）

$$\boxed{\text{既に払い込まれた保険料}} - \boxed{\text{保険証券記載の最低保険料}}$$

	次のア．またはイ．のとおりとします。
③ 上記①および②のほか、保険契約締結の後、保険契約者が書面をもって契約条件変更を当社に通知し、承認の請求を行い、当社がこれを承認する場合	ア．変更後の保険料が変更前の保険料よりも高くなる場合は、次の算式により算出した額を請求します。 $$\left[\begin{array}{c}\text{変更前の保険料}\\\text{と変更後の保険}\\\text{料との差額}\end{array}\right] \times \left[\begin{array}{c}\text{未経過期間に対}\\\text{応する別表に掲}\\\text{げる短期料率}\end{array}\right]$$ イ．変更後の保険料が変更前の保険料よりも低くなる場合は、次の算式により算出した（ア）または（イ）のいずれか低い額を返還します。 （ア） $$\left[\begin{array}{c}\text{変更前の保険料}\\\text{と変更後の保険}\\\text{料との差額}\end{array}\right] \times \left(1 - \left[\begin{array}{c}\text{既経過期間に}\\\text{対応する別表}\\\text{に掲げる短期}\\\text{料率}\end{array}\right]\right)$$ （イ） $$\left[\begin{array}{c}\text{既に払い込まれた保険料}\end{array}\right] - \left[\begin{array}{c}\text{保険証券記載}\\\text{の最低保険料}\end{array}\right]$$

第18条（保険料の返還－無効または失効の場合）

　　保険契約の無効または失効の場合には、保険料の返還について、次のとおりとします。ただし、この保険契約の保険期間が１年を超えまたは１年に満たない場合等において、当社が別に定める方法により保険料を返還することがあります。

区分	保険料の返還
① 保険契約が無効となる場合	既に払い込まれた保険料の全額を返還します。ただし、第11条（保険契約の無効）の規定により、保険契約が無効となる場合は、既に払い込まれた保険料を返還しません。

②　保険契約が失効となる場合	次の算式により算出した額を返還します。 既に払い込まれた保険料　×　$\dfrac{未経過日数}{365}$

第19条（保険料の返還 − 取消の場合）

　　第12条（保険契約の取消）の規定により、当社が保険契約を取り消した場合には、当社は、既に払い込まれた保険料を返還しません。

第20条（保険料の返還 − 解約または解除の場合）

　　保険契約の解約または解除の場合には、保険料の返還について、次のとおりとします。ただし、この保険契約の保険期間が１年を超えもしくは１年に満たない場合またはこの普通保険約款に付帯される特約の規定により保険契約者が保険料を分割して払い込む場合等において、当社が別に定める方法により保険料を返還することがあります。

区分	保険料の返還
①　第７条（告知義務）(2)、第８条（通知義務）(2)、第14条（当社による保険契約の解除）、第15条（重大事由がある場合の当社による保険契約の解除）(1)またはこの普通保険約款に付帯される特約の規定により、当社が保険契約を解除した場合	次の算式により算出した額を返還します。 既に払い込まれた保険料　×　$\dfrac{未経過日数}{365}$

| ②　第13条（保険契約者による保険契約の解約）の規定により、保険契約者が保険契約を解約した場合 | 次の算式により算出したア．またはイ．のいずれか低い額を返還します。
ア．
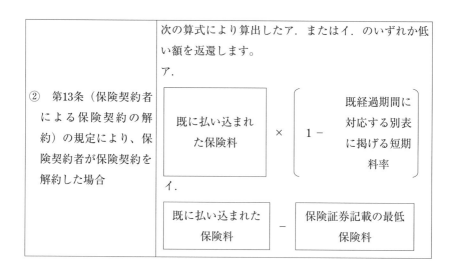
イ．|

第21条（追加保険料領収前の事故）

(1)　第17条（保険料の返還または請求－告知義務・通知義務等の場合）の①または②の追加保険料を請求する場合において、第14条（当社による保険契約の解除）の②の規定により、この保険契約を解除できるときは、当社は、保険金を支払いません。この場合において、既に保険金を支払っていたときは、当社は、その返還を請求することができます。ただし、第8条（通知義務）(1)の事実が生じた場合における、その事実が生じた時より前に発生した事故による損害については適用しません。

(2)　第17条の③の規定により追加保険料を請求する場合において、当社の請求に対して、保険契約者がその払込みを怠ったときは、当社は、追加保険料領収前に生じた事故による損害に対しては、契約条件変更の承認の請求がなかったものとして、この保険契約に適用される普通保険約款および特約に従い、保険金を支払います。

第22条（事故発生時の義務および義務違反の場合の取扱い）

(1)　保険契約者または被保険者は、事故が発生したことを知った場合は、次表「事故発生時の義務」を履行しなければなりません。これらの規定に違反した場合は、次表「義務違反の場合の取扱い」のとおりとします。

2 費用・利益保険普通保険約款の例（あいおいニッセイ同和損害保険株式会社）

事故発生時の義務	義務違反の場合の取扱い
① 損害の発生および拡大の防止に努めること。	保険契約者または被保険者が、正当な理由がなく左記の規定に違反した場合は、当社は、発生または拡大を防止することができたと認められる損害の額を差し引いて保険金を支払います。
② 事故の発生を知った場合は、これを遅滞なく当社に通知すること。	保険契約者または被保険者が、正当な理由がなく左記の規定に違反した場合は、当社は、それによって当社が被った損害の額を差し引いて保険金を支払います。
③ 他人に損害賠償の請求をすることができる場合には、その権利の保全および行使に必要な手続をすること。	保険契約者または被保険者が、正当な理由がなく左記の規定に違反した場合は、当社は、他人に損害賠償の請求をすることによって取得することができたと認められる額を差し引いて保険金を支払います。
④ 他の保険契約等の有無および内容（既に他の保険契約等から保険金または共済金の支払を受けた場合には、その事実を含みます。）について遅滞なく当社に通知すること。	保険契約者または被保険者が、正当な理由がなく左記の規定に違反した場合は、当社は、それによって当社が被った損害の額を差し引いて保険金を支払います。
⑤ 上記①から④までのほか、当社が特に必要とする書類または証拠となるものを求めた場合には、遅滞なく、これを提出し、また当社が行う損害の調査に協力すること。	

(2) 保険契約者または被保険者が、正当な理由がなく本条(1)の②の事項について事実と異なることを告げた場合または本条(1)の⑤の書類に事実と異なる記載をし、もしくはその書類もしくは証拠を偽造しもしくは変造した場合には、当社は、それによって当社が被った損害の額を差し引いて保険金を支払います。

第23条（他の保険契約等がある場合の支払保険金）

(1) 他の保険契約等がある場合において、それぞれの支払責任額（それぞれの保険契約または共済契約について、他の保険契約または共済契約がないものとして算出した支払うべき保険金または共済金の額をいいます。以下同様とします。）の合計額が損害の額（それぞれの保険契約または共済契約に免責金額の適用がある場合は、そのうち最も低い免責金額を差し引いた額とします。以下同様とします。）以下のときは、当社は、この保険契約の支払責任額を支払保険金の額とします。

(2) 他の保険契約等がある場合において、それぞれの支払責任額の合計額が損害の額を超えるときは、当社は、次に定める額を支払保険金の額とします。

区分	支払保険金の額
① 他の保険契約等から保険金または共済金が支払われていない場合	この保険契約の支払責任額
② 他の保険契約等から保険金または共済金が支払われた場合	損害の額から、他の保険契約等から支払われた保険金または共済金の合計額を差し引いた残額。ただし、この保険契約の支払責任額を限度とします。

第24条（保険金の請求）

(1) 被保険者が保険金の支払を受けようとする場合、当社に対して保険金の支払を請求しなければなりません。

(2) 当社に対する保険金請求権は、事故による損害が発生した時から発生し、これを行使することができるものとします。

(3) 被保険者が保険金の支払を請求する場合は、保険証券に添えて次表の書類または証拠のうち、当社が求めるものを当社に提出しなければなりません。

2 費用・利益保険普通保険約款の例(あいおいニッセイ同和損害保険株式会社)

保険金請求に必要な書類または証拠
① 保険金請求書
② 損害および損害の額を証明する書類
③ その他当社が第25条（保険金の支払）(1)に定める必要な事項の確認を行うために欠くことのできない書類または証拠として保険契約締結の際に当社が交付する書面等において定めたもの

(4) 当社は、事故の内容または損害の額等に応じ、保険契約者または被保険者に対して、本条(3)に掲げるもの以外の書類もしくは証拠の提出または当社が行う調査への協力を求めることがあります。この場合には、当社が求めた書類または証拠を速やかに提出し、必要な協力をしなければなりません。

(5) 保険契約者または被保険者が、正当な理由がなく本条(4)の規定に違反した場合または本条(3)もしくは(4)の書類に事実と異なる記載をし、もしくはその書類もしくは証拠を偽造しもしくは変造した場合は、当社は、それによって当社が被った損害の額を差し引いて保険金を支払います。

(6) 保険金の請求権は、本条(2)に定める時の翌日から起算して3年を経過した場合は、時効によって消滅します。

第25条（保険金の支払）

(1) 当社は、被保険者が第24条（保険金の請求）(3)の手続を完了した日（以下この条において「請求完了日」といいます。）からその日を含めて30日以内に、当社が保険金を支払うために必要な次の事項の確認を終え、保険金を支払います。

　① 保険金の支払事由発生の有無の確認に必要な事項として、事故の原因、事故発生の状況、損害発生の有無および被保険者に該当する事実

　② 保険金が支払われない事由の有無の確認に必要な事項として、保険金が支払われない事由としてこの保険契約において定める事由に該当する事実の有無

　③ 保険金を算出するための確認に必要な事項として、損害の額および事故と損害との関係ならびに治療の経過および内容

　④ 保険契約の効力の有無の確認に必要な事項として、この保険契約において

定める解約、解除、無効、失効または取消の事由に該当する事実の有無

⑤　上記①から④までのほか、他の保険契約等の有無および内容、損害について被保険者が有する損害賠償請求権その他の債権および既に取得したものの有無および内容等、当社が支払うべき保険金の額を確定するために確認が必要な事項

(2)　本条(1)の確認をするため、次表「事由」に掲げる特別な照会または調査が不可欠な場合には、本条(1)の規定にかかわらず、当社は、請求完了日からその日を含めて次表「期間」に掲げる日数（複数に該当する場合は、そのうち最長の日数とします。）を経過する日までに、保険金を支払います。この場合において、当社は、確認が必要な事項およびその確認を終えるべき時期を被保険者に対して通知するものとします。

事由	期間
①　本条(1)の①から④までの事項を確認するための、警察、検察、消防その他の公の機関による捜査・調査結果の照会（弁護士法（昭和24年法律第205号）に基づく照会その他法令に基づく照会を含みます。）	180日
②　本条(1)の①から④までの事項を確認するための、医療機関、検査機関その他の専門機関による診断、鑑定等の結果の照会	90日
③　本条(1)の③の事項のうち、後遺障害の内容およびその程度を確認するための、医療機関による診断、後遺障害の認定にかかる専門機関による審査等の結果の照会	120日
④　災害救助法（昭和22年法律第118号）が適用された災害の被災地域における本条(1)の事項の確認のための調査	60日
⑤　本条(1)の事項の確認を日本国内において行うための代替的な手段がない場合の日本国外における調査	180日
⑥　事故の原因が不明の場合、興行が大規模で損害額を確定するための帳票、帳簿類が大量にある場合、事故の発生事由が高度な専門技術を要する業務に起因する場合等、事故形態が特殊である場合において、本条(1)の①から④までの事項を確認するための、専門機関による鑑定等の結果の照会	180日

(3) 本条(2)に掲げる特別な照会または調査を開始した後、本条(2)に掲げる期間中に保険金を支払う見込みがないことが明らかになった場合には、当社は、本条(2)に掲げる期間内に被保険者との協議による合意に基づきその期間を延長することができます。

(4) 本条(1)から(3)までに掲げる必要な事項の確認に際し、保険契約者または被保険者が正当な理由がなくその確認を妨げ、またはこれに応じなかった場合（必要な協力を行わなかった場合を含みます。）には、これにより確認が遅延した期間については、本条(1)から(3)までの期間に算入しないものとします。

(5) 本条(4)の場合のほか、被保険者の事情によって当社が保険金を支払うことができない期間については、本条(1)から(3)までの期間に算入しないものとします。

(6) 本条(1)から(5)までの規定による保険金の支払は、保険契約者または被保険者と当社があらかじめ合意した場合を除いては、日本国内において、日本国通貨をもって行うものとします。

第26条（代位）

(1) 損害が生じたことにより被保険者が損害賠償請求権その他の債権を取得した場合において、当社がその損害に対して保険金を支払ったときは、その債権は当社に移転します。ただし、移転するのは次表「限度額」を限度とします。

区分	限度額
① 当社が損害の額の全額を保険金として支払った場合	被保険者が取得した債権の全額
② 上記①以外の場合	被保険者が取得した債権の額から、保険金が支払われていない損害の額を差し引いた額

(2) 本条(1)の②の場合において、当社に移転せずに被保険者が引き続き有する債権は、当社に移転した債権よりも優先して弁済されるものとします。

(3) 保険契約者および被保険者は、当社が取得する本条(1)または(2)の債権の保全および行使ならびにそのために当社が必要とする証拠および書類の入手に協力しなければなりません。この場合において、当社に協力するために必要な費用は、当社の負担とします。

IV　資　料

第27条（保険契約者または被保険者が複数の場合の取扱い）

(1)　この保険契約について、保険契約者または被保険者が2名以上である場合は、当社は、代表者1名を定めることを求めることができます。この場合において、代表者は他の保険契約者または被保険者を代理するものとします。

(2)　本条(1)の代表者が定まらない場合またはその所在が明らかでない場合には、保険契約者または被保険者の中の1名に対して行う当社の行為は、他の保険契約者または被保険者に対しても効力を有するものとします。

(3)　保険契約者が2名以上である場合には、それぞれの保険契約者は連帯してこの保険契約に適用される普通保険約款および特約に関する義務を負うものとします。

第28条（訴訟の提起）

　この保険契約に関する訴訟については、日本国内における裁判所に提起するものとします。

第29条（準拠法）

　この普通保険約款に規定のない事項については、日本国の法令に準拠します。

　別表

短期料率表

短期料率は、年料率に対し、下記割合を乗じたものとします。

既経過期間	割合（%）
7日まで	10
15日まで	15
1か月まで	25
2か月まで	35
3か月まで	45
4か月まで	55
5か月まで	65
6か月まで	70
7か月まで	75
8か月まで	80

2 費用・利益保険普通保険約款の例（あいおいニッセイ同和損害保険株式会社）

9か月まで　----------------------　85

10か月まで　----------------------　90

11か月まで　----------------------　95

12か月まで　----------------------　100

3　表明保証保険特約（買主用）の例
（あいおいニッセイ同和損害保険株式会社）

表明保証保険特約（買主用）

第1条（事故の定義）

(1)　費用・利益保険普通保険約款（以下「普通保険約款」といいます。）第1条（保険金を支払う場合）の「偶然な事故」とは、被保険者が、保険証券別紙明細書（以下「別紙明細書」といいます。）記載の売買契約等（別紙、別添、付属書等、その名目にかかわらず、一切の付属書類を含みます。以下「対象契約」といいます。）により、対象契約の相手方（以下「売主等」といいます。）から譲り受けた別紙明細書記載の資産（以下「対象資産」といいます。）について、被保険表明保証に次のいずれかの偶然な事由が発生すること（以下「事故」といいます。）をいいます。

①　被保険表明保証が真実または正確でないこと（以下「被保険表明保証違反」といいます。）。

②　第三者請求の提起がなされること。

(2)　当社が保険金を支払うのは、別紙明細書記載の保険期間（以下「保険期間」といいます。）中に第14条（事故等の通知）(1)の規定により通知がなされた事故に限ります。

(3)　当社は、普通保険約款第6条（保険責任のおよぶ地域）の規定を適用しません。

第2条（損害の定義）

(1)　普通保険約款第1条（保険金を支払う場合）の「損害」とは、第1条（事故の定義）に規定する偶然な事故が発生した場合に、被保険者が被る損害をいい、具体的には、次に掲げるもの（以下「損害」といいます。）をいいます。

> ①　被保険表明保証違反に起因または関連して被保険者が被る損害のうち、被保険者が対象契約の規定に従い売主等から適法に受領する権利を有する金額。ただし、対象契約に補償請求権の額または期間を制限する規定がある場合は、被保険者が、その規定がないと仮定したときに、請求を行うことが認められていたであろう金額をいいます。

> ②　第三者請求に関する争訟（訴訟、仲裁、調停、和解または裁判外の交渉をいいます。）によって生じた費用。ただし、当社が必要、有益かつ妥当と認めた費用であって、当社の事前の書面による同意を得て負担したものに限ります。また、被保険者の役員、従業員またはコンサルタントに支給される給与、手当その他の報酬を除きます。

⑵　本条⑴の金額または費用には、次に掲げる金銭等を含みません。
　①　事故に起因して発生した被保険者の収益の減少、間接損害、結果損害（のれんの減損、営業上の信用、収益機会の喪失等）等
　②　罰金、制裁金、懲罰的賠償金等、その名目にかかわらず、性質上懲罰的に課される金銭
　③　附帯税、過料、課徴金その他行政法上の義務違反に対して課される金銭
　④　法令により保険金を支払うことが許容されない金銭
⑶　本条⑴の金額または費用の算定においては、利益、キャッシュフローもしくは EBITDA のマルチプルまたはこれらに類似する株式価値・企業価値算定手法を用いないものとします。

第3条（用語の定義）

　この特約において、次に掲げる用語は、それぞれ次の定義に従うものとします。

> ①　被保険表明保証
> 　　対象契約の表明保証条項のうち別紙明細書に「補償対象」または「一部補償対象」と記載されたものをいいます。ただし、「一部補償対象」として記載されたものについては、補償対象と明記している部分に限ります。
> ②　対象会社
> 　　対象資産が株式である場合における、その株式を発行している会社およびその子会社をいいます。
> ③　対象不動産等
> 　　対象資産が不動産または不動産信託受益権である場合における、その不動産または信託受益権をいいます。
> ④　第三者請求
> 　　第三者から対象会社に対して、または対象不動産等に関してなされる損害賠償

請求等の請求をいいます。ただし、裁判上であるか裁判外であるかを問わず、その請求の結果として被保険者または対象会社に生じる金銭的負担が被保険表明保証違反による損害を構成しうるものに限ります。

⑤　第三者

保険契約者、被保険者およびそれらの関係者（財務諸表等の用語、様式及び作成方法に関する規則（昭和38年大蔵省令第59号、その後の改正を含みます。）第8条第8項に定める関係会社をいいます。以下同様とします。）ならびに当社を除くすべての者をいいます。

⑥　ディール担当者

別紙明細書にディール担当者として記載された者をいいます。

⑦　デューデリジェンス

被保険者が行う対象会社の事業および対象資産の調査をいいます。

⑧　サイニング日

対象契約の締結日をいいます。

⑨　クロージング日

対象契約に規定されたクロージング日をいいます。

⑩　デミニミス

別紙明細書記載の１事故あたりの免責額をいいます。

⑪　１証券あたり免責金額

別紙明細書記載の１証券あたりの免責額をいいます。

⑫　証券総支払限度額

別紙明細書記載の証券総支払限度額をいいます。

⑬　営業日

国民の祝日に関する法律に規定する休日および12月29日から１月３日までの日を除く月曜日から金曜日までの日をいいます。

第４条（保険金を支払わない場合）

当社は、普通保険約款第２条（保険金を支払わない場合）のほか、次に掲げる事由に起因または関連して生じた損害に対しては、被保険表明保証の内容にかかわらず、保険金を支払いません。

①　次の日より前に、ディール担当者が知っていた、被保険表明保証違反となる事実もしくは状況、または被保険表明保証違反を合理的に予期しうる事実もしくは

状況（第三者請求の提起を含みます。以下、②において、同様とします。）

ア．サイニング日を基準とする被保険表明保証の場合

　保険期間の初日

イ．クロージング日を基準とする被保険表明保証の場合

　クロージング日

② 　前項ア号またはイ号に規定する日より前に以下のいずれかの情報により開示された、被保険表明保証違反となる事実もしくは状況、または被保険表明保証違反を合理的に予期しうる事実もしくは状況

ア．対象契約（別紙も含みます。）

イ．登記、登録等の公開情報により入手可能な情報

ウ．デューデリジェンス・レポート

エ．データルームに保存された情報

オ．前各号に規定のもの以外でデューデリジェンスの過程で開示された情報

③ 　保険契約者、被保険者（保険契約者または被保険者が法人である場合は、その理事、取締役または法人の業務を執行するその他の機関）またはディール担当者の故意もしくは重大な過失または法令違反

④ 　サイニング日・保険契約締結日無事故申告書またはクロージング日無事故申告書の記載が不正確であること

⑤ 　価格調整条項（注1）

⑥ 　将来予測、計画または見込

⑦ 　対象会社の製造物責任またはリコール

⑧ 　不動産または動産の構造、材質または機能の瑕疵

⑨ 　在庫（完成品、原材料、仕掛品、半製品等）の状態、存在または販売可能性

⑩ 　石綿（アスベスト）等（注2）

⑪ 　個人情報、企業情報等の漏えい（注3）もしくは不正アクセス等（注5）

⑫ 　年金制度、退職金制度または従業員への給与給付制度に関する積立・運用実績等の不足または不適切性

⑬ 　環境汚染（注7）または環境法令違反

⑭ 　対象会社の申立ての瑕疵または能力不足により回収不能となった売掛債権

⑮ 　関税

⑯ 　移転価格税制

⑰ 　付加価値税

⑱ 　第二次納税義務

⑲　データ、ソフトウェアまたはプログラムの瑕疵

⑳　売掛債権にかかる債務者の債務不履行

㉑　知的財産権の瑕疵

㉒　適切な保険付保

㉓　次の者に対する違法な利益または便宜の供与

　　ア．政治団体、公務員または取引先の会社役員、従業員等（それらの者の代理
　　　　人、代表者または家族およびそれらのものと関係のある団体等を含みます。）

　　イ．利益または便宜を供与することが違法とされるその他の者

（注1）価格調整条項

　　その名目にかかわらず、対象契約により売主等が被保険者から受領する対価その
　他の受取金額を事後的に調整する方法について定めた対象契約の条項をいいます。

（注2）石綿（アスベスト）等

　　石綿もしくは石綿を含む製品、または石綿の代替物質もしくはその代替物質を含
　む製品の発ガン性その他の有害な特性をいいます。

（注3）漏えい

　　情報によって識別される特定の者以外の者に知られたこと（注4）をいいます。
　ただし、保険契約者または被保険者が、適法に知らせる意図をもって知らせた場合
　を除きます。

（注4）知られたこと

　　知られたと判断できる合理的な理由がある場合を含みます。

（注5）不正アクセス等

　　ネットワーク（注6）に対して、正当な使用権限を有さない者によって行われる
　次の行為をいいます。

　　ア．他社のID・パスワード等を使用して他社になりすまし、または権限者が設
　　　　定したファイアウォールを通過することにより、不正にアクセスする行為

　　イ．大量のデータを送りつけるDoS攻撃

　　ウ．不正なプログラムの送付またはインストール

　　エ．ネットワーク（注6）上で管理されるデータベースにSQL文を注入し、
　　　　データベースを改ざんまたは不正に情報を入手するSQLインジェクション

　　オ．その他アからエまでに類似の行為

（注6）ネットワーク

　　情報の処理または通信を主たる目的とするコンピュータ等の情報処理機器・設備
　およびこれらと通信を行う制御、監視、測定等の器機・設備が回線を通じて接続さ

れたものをいい、これを構成する機器・設備（端末装置等の周辺機器および通信用回線を含みます。）等をいいます。

（注7）環境汚染

流出、いっ出もしくは漏出し、または排出された汚染物質（注8）が、地表もしくは土壌中、大気中または海・河川・湖沼・地下水等の水面もしくは水中等に存在する状態をいいます。

（注8）汚染物質

固体状、液体状もしくは気体状のまたは熱を帯びた刺激物質または汚染物質をいい、煙、蒸気、すす、酸、アルカリ、化学物質および廃棄物等を含みます。廃棄物には再生利用される物質を含みます。

第5条（損害の額の算定）

この特約における「損害の額」は、第2条（損害の定義）(1)の損害の合計額から次のすべての金額の合計額を差し引いた額とします。

① 被保険者もしくは対象会社またはそれらの関係者によって現実に回収された金額

② 被保険者もしくは対象会社またはそれらの関係者が享受した税控除

③ 被保険者もしくは対象会社またはそれらの関係者に対して賦課され、または、賦課されるべきであった税の減額または免除額

④ 損害の原因となった事由が直接的に被保険者もしくは対象会社またはそれらの関係者にもたらしたその他の利得

⑤ 第1条（事故の定義）の事故による損害を補償する他の保証契約または補償契約その他類似の契約（以下「他の補償契約等」といいます。）がある場合において、それらの契約によって補償される金額（以下「他の補償金等」といいます。）

第6条（1事故の定義）

同一の事実または状況を原因とする一連の被保険表明保証違反および第三者請求の提起は、それらが生じた時または場所にかかわらず、1回の事故とみなします。

第7条（保険金の支払額）

(1) 当社が支払う保険金の額は、普通保険約款第3条（保険金の支払額）の規定

にかかわらず、保険期間中につき、次の算式によって得た額とします。ただし、当社が支払う保険金の額は証券総支払限度額を限度とします。

$$\boxed{\text{保険金の額}} = \boxed{\text{合計修正損害額}} - \boxed{\text{1証券あたり免責金額}}$$

(2) 本条(1)の合計修正損害額とは、第1条（事故の定義）の規定により当社が保険金を支払うべきすべての事故について、1事故修正損害額を合計した金額をいいます。

(3) 本条(2)の1事故修正損害額とは、1回の事故につき、次の算式によって算出した額をいいます。

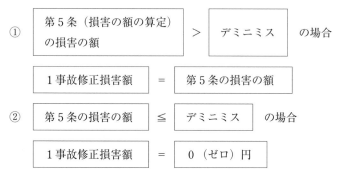

① $\boxed{\begin{array}{c}\text{第5条（損害の額の算定）}\\\text{の損害の額}\end{array}} > \boxed{\text{デミニミス}}$ の場合

$\boxed{\text{1事故修正損害額}} = \boxed{\text{第5条の損害の額}}$

② $\boxed{\text{第5条の損害の額}} \leqq \boxed{\text{デミニミス}}$ の場合

$\boxed{\text{1事故修正損害額}} = \boxed{\text{0（ゼロ）円}}$

第8条（損害防止費用）

普通保険約款第22条（事故発生時の義務および義務違反の場合の取扱い）(1)の①の規定により保険契約者または被保険者が損害の発生および拡大の防止のために支出した費用については、その費用が保険金支払の対象となるべき損害に該当しないかぎり、当社は、その費用を支払いません。

第9条（保険期間と保険責任）

普通保険約款第4条（保険責任の始期および終期）にかかわらず、当社の保険責任は別紙明細書に記載の保険期間の初日に始まり、別紙明細書に記載の保険期間の末日に終了します。

第10条（保険料の支払時期）

保険契約者は、この普通保険約款に付帯される特約で別に定める場合を除き、この保険契約の保険料を保険契約の締結と同時にその全額を払い込まなければなりません。

第11条（クロージング日を延期する場合）

⑴　保険契約申込みの後、クロージングを行う日がクロージング日以降に延期される場合は、保険契約者または被保険者は、あらかじめ、その旨を当社に書面により通知し、当社に保険期間の延長の承認を請求しなければなりません。

⑵　本条⑴の場合において、保険料を変更する必要があるときは、当社は、変更前の保険料と変更後の保険料との差額に基づき計算した保険料を保険契約者に請求します。

⑶　当社は、保険契約者が本条⑵の規定による追加保険料の払込みを怠った場合（当社が、保険契約者に対し追加保険料の請求をしたにもかかわらず、相当の期間内にその払込みがなかった場合に限ります。）は、保険契約者に対する書面による通知をもって、この保険契約を解除することができます。

⑷　当社が本条⑶の規定によりこの保険契約を解除した場合は、クロージング日以降に発生した第1条（事故の定義）の事故による損害に対しては、保険金を支払いません。

⑸　当社が本条⑶の規定によりこの保険契約を解除した場合は、当社は、払込済みの保険料の90％に相当する額を保険契約者に返還します。ただし、第10条（保険料の支払時期）の規定によって当社が保険料の払い込みを受けていない場合は、保険契約者は保険料の10％に相当する額を遅滞なく払い込まなければなりません。

第12条（保険契約の失効）

⑴　保険契約締結の後、クロージング日までの間に対象契約が解除または合意により終了された場合は、対象契約の解除または合意により終了の効力が発生した時にこの保険契約は失効します。

⑵　本条⑴の規定により、保険契約が失効した場合は、当社は、払込済みの保険料の90％に相当する額を保険契約者に返還します。ただし、第10条（保険料の支払時期）の規定によって当社が保険料の払い込みを受けていない場合は、保険契約者は保険料の10％に相当する額を遅滞なく払い込まなければなりません。

第13条（保険料の返還 – 保険契約者による解約の場合）

普通保険約款第20条（保険料の返還 – 解約または解除の場合）の規定にかかわ

らず、普通保険約款第13条（保険契約者による保険契約の解約）の規定により保険契約者が保険契約の全部または一部を解約した場合には、当社は、その部分の保険料を返還しません。

第14条（事故等の通知）

⑴　保険契約者または被保険者は、普通保険約款第22条（事故発生時の義務および義務違反の場合の取扱い）⑴の②の規定にかかわらず、保険期間中に、次の事由が生じたことを知った場合は、損害または予想される損害に関して被保険者が合理的な調査により入手可能な関連情報の範囲内で知りうる事実および状況のすべてについて、当社に遅滞なく書面により通知しなければなりません。

①　被保険表明保証違反

②　被保険表明保証違反が生じるおそれがあると合理的に予想される事実または状況

③　第三者請求の提起

④　第三者請求の提起が生じるおそれがあると合理的に予想される事実または状況

⑵　本条⑴の場合において、被保険者が第三者に対し求償することができるときは、保険契約者または被保険者は、求償権の保全または行使に必要な手続（売主等に対する求償権については、損害が売主等の詐欺的行為（注）に起因する場合に限ります。）その他損害の発生または拡大を防止軽減するために必要な一切の手段を講じ、かつ、対象会社にも同様の措置をとらせなければなりません。

⑶　保険契約者または被保険者が正当な理由なく本条⑴に規定する義務に違反した場合は、当社は、それによって当社が被った損害の額を差し引いて保険金を支払います。

⑷　保険契約者または被保険者が正当な理由なく本条⑵に規定する義務に違反した場合は、当社は、第５条（損害の額の算定）に規定する損害の額から損害の発生または拡大を防止することができたと認められる額を差し引いて保険金を支払います。

（注）詐欺的行為

売主等が、次の日より前に認識していた、または認識し得なかったことに重

大な過失がある被保険表明保証違反につき、次の日より前に、被保険者に対して開示しなかったことをいいます。以下同様とします。

　　ア．サイニング日を基準とする被保険表明保証の場合

　　　保険期間の初日

　　イ．クロージング日を基準とする被保険表明保証の場合

　　　クロージング日

第15条（第三者請求）

(1)　第三者請求が提起された場合、被保険者は、当社が事前の書面により同意した弁護士に委任して、第三者請求に対する防御を行い、または対象会社に防御を行わせるものとします。

(2)　当社は、必要と認めた場合は、第三者請求の解決に先立って、争訟費用に対する保険金を支払うことができるものとします。ただし、既に支払われた争訟費用の全額または一部の額について、この保険契約の普通保険約款およびこれに付帯される他の特約の規定により保険金の支払いを受けられないこととなった場合は、被保険者は、支払われた額を限度として当社に返還しなければなりません。

(3)　当社は、この保険契約によって第三者請求について被保険者または対象会社を防御する義務を負うものではありません。

(4)　被保険者は、当社の事前の書面による同意がないかぎり、第三者請求の全部もしくは一部を承認し、または争訟費用の支払を行ってはなりません。また、被保険者は、対象会社が第三者請求の全部もしくは一部を承認し、または争訟費用の支払を行わないようにするものとします。争訟費用については、当社が事前に同意したもののみが保険金支払の対象となります。

(5)　当社は、当社が必要と認めた場合は自己の費用をもって、第三者請求についての調査、調停、仲裁、和解または訴訟につき、被保険者および対象会社に協力することができるものとします。この場合において、被保険者は、当社の求めに応じ、当社に協力し、必要な情報を提供しなければなりません。また、被保険者は、対象会社に必要な情報を提供させる義務を負います。

(6)　被保険者および対象会社が正当な理由なく本条(5)の協力の要求に応じない場合は、当社は、それによって当社が被った損害の額を差し引いて保険金を支払

います。

(7)　被保険者または対象会社が、当社が提案する和解に同意しない場合において、被保険者または対象会社がその和解に同意したならば第三者請求を提起した者もその和解に同意したことが合理的に予想されるときは、第三者請求にかかる損害の額は、その和解が成立した場合に当社が支払ったであろう額を限度とします。

第16条（無事故申告書の提出）

(1)　保険契約者または被保険者は、サイニング日または保険契約締結日にサイニング日・保険契約締結日無事故申告書を当社に提出しなければなりません。

(2)　保険契約者または被保険者は、クロージング日にクロージング日無事故申告書を当社に提出しなければなりません。

(3)　保険契約者または被保険者が本条(1)または(2)に規定する義務に違反した場合は、当社は、サイニング日・保険契約締結日無事故申告書またはクロージング日無事故申告書を当社が受領するまでの間に生じた事故による損害に対しては、保険金を支払いません。

第17条（対象契約の修正等）

(1)　保険契約者または被保険者は、この保険契約に基づく当社の権利義務に影響を及ぼす場合は、当社の事前の書面による承諾なくして、対象契約を修正、補足、改定、変更、解除または合意による終了をすることはできません。また、保険契約者または被保険者は、他人にその権限を与えることもできません。

(2)　保険契約者または被保険者が正当な理由がなく本条(1)に規定する義務に違反した場合（対象契約の解除または合意による終了の場合を除きます。）は、当社は、それによって当社が被った損害の額を差し引いて保険金を支払います。

第18条（開示資料の提出）

(1)　保険契約者または被保険者は、クロージング日から30日以内に、対象契約およびデューデリジェンスの過程で被保険者に開示されたすべての資料が記録されたUSBメモリその他の電子記録媒体を当社に提出しなければなりません。

(2)　保険契約者または被保険者が本条(1)に規定する義務に違反した場合は、当社は、保険契約者または被保険者に対する書面による通知をもってこの保険契約を解除することができます。

⑶　本条⑵の規定による解除が普通保険約款第1条（保険金を支払う場合）の事故の発生後になされた場合であっても、普通保険約款第16条（保険契約の解約・解除の効力）の規定にかかわらず、当社は、保険金を支払いません。この場合において、既に保険金を支払っていたときは、当社は、その返還を請求することができます。

⑷　本条⑵の規定により、当社が保険契約を解除した場合は、当社は、払込済みの保険料の90％に相当する額を保険契約者に返還します。ただし、第10条（保険料の支払時期）の規定によって当社が保険料の払い込みを受けていない場合は、保険契約者は保険料の10％に相当する額を遅滞なく払い込まなければなりません。

第19条（保険契約上の権利等の譲渡）

保険契約者または被保険者は、当社の事前の書面による承諾を得ないかぎり、この保険契約およびこの保険契約上の権利または義務を譲渡することはできません。

第20条（他の保険契約等がある場合の保険金の支払額）

普通保険約款第23条（他の保険契約等がある場合の支払保険金）の規定にかかわらず、他の保険契約等（第1条（事故の定義）の事故による損害を補償する他の保険契約または共済契約をいいます。以下同様とします。）がある場合において、それぞれの保険契約または共済契約につき他の保険契約等がないものとして算出した支払うべき保険金または共済金の額（以下「支払責任額」といいます。）の合計額が、損害の額を超えるときは、当社は、損害の額から、他の保険契約等から支払われた保険金または共済金（以下「他の保険金等」といいます。）の合計額を差し引いた残額を保険金として支払います。ただし、この保険契約の支払責任額を限度とします。

第21条（対象会社または対象不動産等に関する保険契約の維持）

⑴　保険契約者または被保険者は、クロージングの実施時に対象会社およびその関係者が締結していた他の保険契約等または対象不動産等に関して締結されていた他の保険契約等と、保険契約の種類、補償範囲および保険金額または支払限度額が実質的に同水準以上である保険契約を対象会社およびその関係者に締結させ、または維持させるものとします。

(2)　保険契約者または被保険者が正当な理由なく本条(1)に規定する義務に違反した場合は、当社はそれによって当社が被った損害の額を差し引いて保険金を支払います。

第22条（事後の保険金の返還）

この保険契約に基づいて当社が保険金を支払った後に、被保険者またはその関係者が他の保険契約等または他の補償契約等により他の保険金等または他の補償金等を受け取り、その結果として損害の額が減少した場合は、被保険者は他の保険金等または他の補償金等の受領日から60日以内に、その金額を当社に返還しなければなりません。

第23条（保険金支払後の保険契約）

(1)　第1条（事故の定義）の事故により支払った保険金が証券総支払限度額に達した場合は、保険契約は、その保険金支払の原因となった損害が発生した時に終了します。

(2)　本条(1)の規定により、保険契約が終了した場合は、当社は保険料を返還しません。

第24条（代位）

(1)　普通保険約款第26条（代位）の規定にかかわらず、当社は、保険金の支払により被保険者から取得した売主等に対する債権については、これを行使しません。ただし、売主等に詐欺的行為があった場合を除きます。

(2)　当社が普通保険約款第26条（代位）の規定により当社に移転した権利を行使して回収した金額は、次の順位で充当されるものとします。

①　当社がこの回収のために負担した費用

②　当社がこの保険契約において保険金として支払った損害

③　被保険者が被った損害のうち、被保険者がこの保険契約の免責金額として自己負担した金額

第25条（完全合意）

普通保険約款、この特約およびこの保険契約に付帯される他の特約ならびに保険証券、表明保証明細書および保険証券に添付される他の文書は、この保険契約の当事者によるこの保険契約に関する完全な合意を構成するものであり、この保険契約の当事者によるこの保険契約に関する従前の口頭または書面による合意、

協議またはその他のやりとりの内容に優先します。

第26条（訴訟の提起）

　普通保険約款第28条（訴訟の提起）の規定にかかわらず、この保険契約に関する訴訟については、東京地方裁判所を第一審の専属管轄裁判所とします。

第27条（準用規定）

　この特約に規定しない事項については、この特約に反しないかぎり、この保険契約の普通保険約款およびこれに付帯される他の特約の規定を準用します。

| 4 | カバー・スプレッドシート例 |

株式譲渡契約 条文番号	表明保証条項	付保状況	一部付保
別紙 1 (1)	売主に関する表明及び保証		
①	自然人	付保	
②	本契約の締結及び履行	付保	
③	強制執行可能性	付保	
④	法令等との抵触の不存在	付保	
⑤	反社会的勢力との関係の不存在	除外	
⑥	倒産手続等の不存在	付保	
⑦	対象会社との取引の不存在	付保	
別紙 1 (2)	対象会社に関する表明及び保証		
①	対象会社の設立及び存続	付保	
②	対象会社の株式	付保	
③	子会社及び関連会社の不存在	付保	
④	倒産手続等の不存在	付保	
⑤	計算書類等	付保	
⑥	資産	付保	

⑦	知的財産権	一部付保	対象会社は、その事業を遂行するにあたり必要な全ての特許権、実用新案権、意匠権、商標権、著作権その他の知的財産権（以下「知的財産権」という。）について、自ら保有するか又は知的財産権を使用する権利を有しており、第三者の知的財産権を侵害しておらず、過去に侵害した事実もなく、侵害しているとのクレームを受けたこともないこと。また、<u>売主の知る限り、</u>第三者が対象会社の知的財産権を侵害している事実もないこと。
⑧	負債	付保	
⑨	重要な契約	一部付保	対象会社が締結する重要な契約は全て有効に成立・存続し、それぞれ各契約の全当事者を拘束し、かつ執行可能な義務を構成すること。全ての重要な契約に関し、これらの内容を変更若しくは修正し、又は契約の効果を減ずるような約束は、口頭又は文書を問わず一切存在しないこと。全ての重要な契約について、本契約の締結及び履行は解除事由又は債務不履行を構成せず、また、当該契約の相手方による理由なき解除を認める規定

株式譲渡契約 条文番号	表明保証条項	付保状況	一部付保
			~~は存在しないこと。全ての重要な契約について、対象会社の債務不履行の事実は存在せず、また、今後債務不履行が発生するおそれもないこと。~~
⑩	競業避止義務の不存在	付保	
⑪	労働関係	付保	
⑫	税務申告等の適正	一部付保	対象会社は、過去７年間、国内外において、法人税をはじめとする各種課税項目及び社会保険料等の公租公課について適法かつ適正な申告を行っており、適時にその支払を完了していること。~~また、クロージング日以前の事業に関して、対象会社に対する課税処分がなされるおそれは存在しないこと。~~
⑬	法令遵守	一部付保	対象会社は、過去○年間において、適用ある法令等（労働関連の各法令等を含む。）及び司法・行政機関等の判断等を、重要な点において、遵守しており、重要な点において、これらに違反したことはないこと。~~対象会社は、過去○年間において、事業停止等の一切の行政処分を受けていないこと。~~

⑭	反社会的勢力との関係の不存在	除外	
⑮	情報開示	除外	

（＊）　カバーしない範囲を「見え消し」の形で表します。

| 5 | 表明保証に関する裁判例 |

	裁 判 例[1]	表明保証違反類型	損　　害 （遅延損害金、弁護士費用を除く）
1	東京地判 平成18年1月17日 （アルコ事件）	財務・会計（和解債権処理に係る貸倒損失を過小に計上）	株式譲渡価格の算定基準となった簿価純資産額が不正に2億7,538万5,023円水増しされたとして、同額の損害を認定
2	東京地判 平成19年7月26日 判タ 1268号192頁 （控訴審［東京高判平成20年1月31日］も原審の判断を維持） （カワカミ事件）	(1)　財務・会計（①店舗の中途解約に係る違約金についての説明無、②提供された店舗の保証金額の誤り、③貸倒売掛金の存在、④取引先の営業不振による建設協力金の貸倒れ、⑤返還される店舗保証金の減額） (2)　オペレーション（①店舗の営業保証金に対し金融機関による質権設定、②店	(1)①につき、中途解約金として対象会社により、支払われた1,945万5,000円を損害と認定。その他は、買主の買収判断に「重大な」影響を与えるものではないことまたは売主も認識していなかったことを理由に、買主の損害補償請求を棄却

1 ）D1-Law.com（第一法規法情報総合データベース）（調査対象期間：2022年12月末日まで）、ウエストロー・ジャパン（調査対象期間：2019年12月末日まで）、判例秘書（調査対象期間：2019年12月末日まで）およびTKCローライブラリー（調査対象期間：2019年12月末日まで）が提供する判例検索システムに基づき、「表明保証」でキーワード検索し、M&A取引事案に関する裁判例を抽出しています。

2		舗の賃貸借が更新できなかったこと、③都市計画による店舗の撤退）	
3	東京地判 平成21年3月23日	財務・会計（簿外債務としての投機物撤去費用）	株式譲渡契約締結当時、売主が法令上の投機物撤去義務を負っていたとは認められないとして、簿外債務該当性を否定し、買主の損害賠償請求を棄却
4	東京地判 平成21年4月17日	財務・会計（過大な資産［売掛金、保険積立金、立替金、敷金］計上）	過大な資産計上は認められないとして、買主の損害賠償請求を棄却
5	東京地判 平成21年9月29日	(1) 財務・会計（事業計画に過剰な売上げ・過少な費用を計上、資金ショート、未払報酬） (2) 訴訟・紛争（顧客とのトラブル）	表明保証違反の事実は認められないとして、買主の損害賠償請求を棄却
6	東京地判 平成22年3月8日	財務・会計（(1)株価算定書の誤り、(2)事業計画の誤り、(3)①土地評価損、②無形固定資産の評価の誤り、③従業員退職積立不足）	表明保証違反の事実は認められないとして、買主による表明保証違反を理由とする解除の主張を排斥
7	東京地判 平成23年4月15日	(1) 重要な契約（多額［当事者間で年間100万円と基準値を設定］の支出［追加納	原被告間では、DCF法による株価算定結果を参考に、株式譲渡価格を決定しているが、これは参考程度であり、かつ、

	裁 判 例	表明保証違反類型	損　害 （遅延損害金、弁護士費用を除く）
7		［品代金債務等］を生じる契約の存在） (2)　財務・会計（開示された売掛債権の不存在）	DCF法による算定は、将来予測を含むため、追加納品代金債務の存在や売掛債権の不存在を考慮して、DCF法であるべき株式譲渡価格との差額を損害とすることはできないとしたうえで、履行を要した252万円の追加納品代金債務および債権の実現を得られなかった315万円の売掛債権の合計額567万円を損害と認定
8	東京地判 平成23年 4 月19日	重要な契約（機械売買契約で供給すべき機械の仕様大幅未達＝債務不履行）	機械売買契約解除により対象会社の企業価値が代金相当額分減少したとの主張がなされたが、裁判所は機械売買契約に係る客観的情報が正確に提供されていたことを理由に、買主の損害賠償請求を棄却
9	東京地判 平成23年 7 月 8 日	法令遵守（景品表示法および健康増進法違反［ダイエット効果無等］）	対象会社は広告主体ではなく（広告主体は販売代理店）が行ったものである等を理由に、買主の損害賠償請求を棄却
10	大阪地判 平成23年 7 月25日	税務（法人税の申告漏れ）	表明保証違反の事実は認められるものの、クロージング前に明示的に開示された場合には免責される旨の規定、および売主に事前相談なく処理した場合には免責される旨の規定充足を理由

10			に、買主の補償金請求を棄却
11	東京地判 平成23年8月19日	基本的表明保証（売主が対象会社株式を100％保有していること）	買主による表明保証違反に基づく債務不履行解除を認容
12	東京地判 平成24年1月27日	(1)　赤字を免れない価格での受注、不良在庫） (2)　法令遵守（消防法、火災予防条例、建築基準法違反）	(1)は当該事象の発生を否定。(2)は不良在庫の存在を考慮していない譲渡代金を支払ったとして不良在庫相当額1,241万5,734円の損害が、(3)法令違反の存在を考慮していない譲渡代金を支払ったとして当該違反解消のための工事費261万8,330円を損害と認定
13	東京地判 平成24年3月27日	財務・会計（対象会社の貸借対照表上に計上されているソフトウェアの不存在）	ソフトウェアは存在しているから、表明保証違反の事実は認められないとして、買主による表明保証違反に基づく前提条件不成就の主張を排斥
14	東京地判 平成24年4月25日	(1)　財務・会計（修繕引当金の未計上） (2)　法令遵守（学習塾等を運営する対象会社の合格者数の水増し［景表法違反］）	表明保証違反の事実は認められないとして、買主の損害賠償請求を棄却
15	東京地判 平成25年2月7日	(1)　財務・会計（横領行為による簿外損失） (2)　労務（対象会社の従業員が反社会的勢	表明保証違反の事実は認められないとして、買主の損害賠償請求を棄却

	裁 判 例	表明保証違反類型	損　害 （遅延損害金、弁護士費用を除く）
15		力であったこと）	
16	東京地判 平成25年11月19日	労務（自殺した従業員遺族による過労死クレーム）	クレームは、原告が株式交換完全親会社になった後、対象会社株式を第三者に譲渡した後に生じたもの。当該第三者から補償請求を受けた原告は3,056万2,547円の支払い（諸費用を含む）を余儀なくされているところ、当該支払額を損害と認定
17	東京地判 平成26年2月12日	(1) 重要な契約（取引実行にあたり必要な金融機関の同意不取得） (2) 税務（追徴法人所得税、延滞金等） (3) 財務・会計（記載すべき債務の未計上） (4) 基本的表明保証（対象会社子会社株式について金融機関への質権設定）	表明保証違反の事実は認められないとして、買主の株式譲渡価額の支払拒絶に係る主張を排斥
18	東京地判 平成26年12月25日	重要な契約（キャッシュ・マネジメント・システム契約、および同契約に基づく貸付実行の不開示）	キャッシュ・マネジメント・システム契約は開示されており、貸付実行については売主において確定的な情報を把握できなかったため、表明保証違反の事実は認められないとして、買主

18			の損害賠償請求を棄却
19	東京地判 平成27年6月22日 （控訴審［東京高判平成27年12月2日］も原審の判断を維持）	法令遵守（消防法違反）	法令対応のための工事費等として1億3,888万500円を損害と認定
20	東京地判 平成27年9月2日	財務・会計（現預金不足）	不足現預金分の628万7,673円を損害と認定
21	東京地判 平成27年11月4日	財務・会計（資金繰り・企業成績を良くみせるため、本来定期で受領するサービス利用料をリース契約の形式を用いることで一括先取りして受領＝買収後に期待していたキャッシュ・フローを見込めず）	サービスを提供するにもかかわらず受領することができないサービス利用料相当額である1億7,615万2,777円を損害と認定
22	東京地判 平成28年6月3日	財務・会計（簿外債務としての事故対策費および借入金債務）	簿外債務である事故対策費（121万912円）および借入金債務（31万4,898円）を損害として認定
23	東京地判 平成28年6月17日	(1)　重要な契約（18社の取引が承継されなかったこと） (2)　労務（承継された従業員のスキル不足）	表明保証違反の事実は認められないとして、買主の株式譲渡代金との相殺主張を排斥

	裁 判 例	表明保証違反類型	損 害 （遅延損害金、弁護士費用を除く）
24	東京地判 平成28年12月20日 （控訴審［東京高判平成29年4月26日］は原審の判断を取消）	訴訟・紛争（不良工事による注文者との間の紛争）	原審は注文者との和解処理費用として2,194万6,148円の損害を認定したが、控訴審は原審の判断を取消
25	東京地判 平成29年11月1日 （控訴審［東京高判平成30年9月27日］も原審の判断を維持）	(1) 財務・会計（後発事象） (2) 訴訟・紛争（顧客、取引先等との間の紛争） (3) 労務（キーパーソンを含む複数の従業員の退職）	支払不能を構成する重大な違反であり、当該事実（対象会社が無価値であること）を知っていれば買収しなかった理由で、譲渡価額全額（2,925万円）の損害を認定
26	東京地判 平成30年3月2日 （控訴審［東京高判平成30年10月4日］も原審の判断を維持）	税務（法人税、消費税、地方消費税の申告漏れ）	表明保証違反が存在したことにより減少した企業価値9,714万8,061円を損害と認定。なお、企業価値は、買収時に利用された（修正）純資産方式での企業価値とDCF方式での企業価値を両方式のウェイト値を5：5として加重平均値を求める計算方法で再計算したもの
27	東京地判 平成30年7月20日 （控訴審［東京高判平成30年12月26日］も原審の判断	法令遵守（犯罪による収益の移転防止に関する法律違反＝顧客の本人確認義務の不履行等）	犯収法上の手続が履行していなかったため、解約した口座から得られるべき期待収益4,039万6,354円（控訴審は原審とは別のドル円レートを用いて4,247

27	を維持）		万2,996円）を損害と認定。具体的には、解約されなければ得られたであろう信託報酬相当額から、継続により要したであろう費用を控除した金額を現在価値に引き直したものとすべきとし、各契約の価値の算定にDCF法を用いたもの
28	東京地判 平成31年2月27日	重要な契約（解約不能な契約、解約に際して重要な解約金［100万円を超えるもの］が発生するような契約の存在）	売買契約の解約金として対象会社が同契約の相手方に支払った1,700万円を損害と認定
29	東京地判 平成31年3月12日	財務・会計（計算書類に記載されている売掛金および在庫商品の不存在）	計算書類が正確であれば取得し得た6,027万440円を損害と認定
30	東京地判 平成31年3月20日	財務・会計（連結子会社について不適正な会計処理）	定時株主総会に会計監査人の監査報告書等を提供することが困難となり、同株主総会の継続会を開催することになったことで支払った費用560万6,736円を損害と認定
31	東京地判 令和1年6月11日	財務・会計（簿外債務［医療法人である対象会社が保険団体からの過誤調整を受けたことによるもの］の存在）	過誤調整193万8,572円分を損害と認定

	裁 判 例	表明保証違反類型	損　害 （遅延損害金、弁護士費用を除く）
32	東京地判 令和 1 年12月24日	法令遵守（健康保険法、保険薬局及び保険薬剤師療養担当規則、薬剤師法違反）	法令違反により第三者への廉価売却を余儀なくされたところ、当該処分価格と、当初取得価格との差額である835万8,084円を損害と認定（ただし、うち284万円2,642円は未払分の当初取得価格と相殺され、最終的な認定額は551万5,442円）
33	東京地判 令和 2 年 3 月 6 日	税務（中国政府に対する土地使用税の支払い）	当事者の合理的意思として、売主が開示した以外に未払いがないことを表明保証したのであり、土地使用税について未払分があることは開示されていたとして、買主の主張を排斥
34	東京地判 令和 2 年10月26日	財務・会計（最新事業計画の不開示）	買主は開示された中期経営計画に依拠しDCF法により買収価格の算定を行ったが、その後、株式譲渡契約日前日になって、対象会社において、最新事業計画が承認可決された。売主は当該最新事業計画を開示しなかったため、同事業計画に依拠したとすれば、DCF法により算定されたであろう買収価格との差額（ 5 億1,876万3,478円）を損害として認定

35	東京地判 令和2年11月27日	法令遵守（東京都認証 保育所事業実施要項、 建築基準法違反）	東京都知事が本件の対象会社の 建築基準法違反をもって保育所 の認証が取り消される事由が存 在していたとは認められず、表 明保証義務違反があったとはい えないとして、買主の主張を排 斥
36	札幌地判 令和2年12月25日	法令遵守（健康保険 法、保険薬局及び保険 薬剤師療養担当規則違 反）	表明保証違反が存在しないまた は当該事実を基礎付ける事実が 認められないとして、買主の主 張を排斥
37	東京地判 令和3年5月11日	財務・会計（開示され た在庫数量の誤り）	実在の在庫量との差異分である 1億1,930万8,679円分を損害と 認定（ただし、うち1,800万円 は支払済みであるとされ、最終 的な認定額は1億130万8,679 円）
38	東京地判 令和3年6月18日	(1)　知的財産権（第三 者保有の著作権侵 害） (2)　資産（特定の有価 証券が他人名義）	(1)著作権者に和解金として支 払った2億円 (2)当該有価証券の取得価格であ る2,055万2,137円を損害と認 定
39	東京地判 令和3年10月12日	財務・会計（未計上負 債の存在）	補償期限徒過を理由として、買 主の主張を排斥
40	東京地判 令和4年1月20日	財務・会計（計算書類 に記載すべき売上高を 記載せず、水増しした 売上高を計上）	出資契約に基づく出資者それぞ れにつき、表明保証違反に基づ く株式買取請求権の規定に従 い、（各出資価格である）1億 5,000円を損害と認定

	裁 判 例	表明保証違反類型	損　害 (遅延損害金、弁護士費用を除く)
41	東京地判 令和4年3月15日	オペレーション（商標および賃貸借契約をクロージング日までに対象会社名義にしていることを表明保証していたもの）	商標につき、対象会社に損害は生じていないとして、出資者の主張を排斥。賃貸借契につき、賃貸人との間での契約書等の取り交わし作業等を総合考慮し、600万円を損害と認定

索　引

223

著者紹介

山本　啓太（やまもと　けいた）

和田倉門法律事務所パートナー弁護士

【略　　歴】

1999年 慶應義塾大学経済学部卒業、2001年 弁護士登録（54期）、2003〜2005年 金融庁監督局保険課課長補佐（法務担当）、2006年 あさひ・狛法律事務所入所（現・西村あさひ法律事務所）、2011〜2013年 三菱東京 UFJ 銀行ロンドン支店に出向、2013〜2014年 ロンドン大学ロースクール（LL.M in Insurance Law）、2014〜2015年 三菱東京 UFJ 銀行（東京）に出向、2015年 西村あさひ法律事務所カウンセル就任、2019年 和田倉門法律事務所にパートナーとして参加

【主な業務分野】

保険業法および銀行法その他の金融規制法、金融取引、M&A、コンプライアンス

【主な著書】

『保険関係訴訟（専門訴訟講座 3）〔第 2 版〕』（共著）（民事法研究会、2023年）、『少額短期保険の実務』（共著）（金融財政事情研究会、2022年）、『保険業務のコンプライアンス〔第 4 版〕』（共著）（金融財政事情研究会、2021年）、『The Insurance and Reinsurance Law Review―Sixth Edition：Japan』（共著）（Law Business Research、2018年）、『ファイナンス法大全㊦〔全訂版〕』（共著）（商事法務、2017年）、『金融取引実務大系』（共著）（民事法研究会、2016年）

関口　尊成（せきぐち　たかなり）

日比谷中田法律事務所パートナー弁護士、ニューヨーク州弁護士、博士（法学）

【略　　歴】

2004年 東京大学法学部卒業、2006年 明治大学法科大学院修了、2007年 弁護士登録（60期）、2008年 西村あさひ法律事務所入所、2012～2013年 明治大学法科大学院（兼任講師）、2015年 コロンビア大学ロースクール（LL.M）修了、2015～2016年 三菱東京UFJ銀行ロンドン支店に出向、2016～2018年 金融庁証券取引等監視委員会（国際取引等調査室室長補佐）に出向、2019年 日比谷中田法律事務所入所、2020年 第一生命リアルティアセットマネジメントコンプライアンス委員就任、2023年 神戸大学大学院研究科博士課程後期課程法学政治学専攻（競争法）修了

【主な業務分野】

M&A（日本企業による海外企業の買収、国内会社の買収）、CVC（事業会社によるベンチャー出資）、表明保証保険、コンプライアンス

【主な著書・論文】

『論点解説 クロスボーダーM&Aの法実務』（共著）（商事法務、2023年）
「競争者を出資会社とする共同出資会社に係る企業結合規制」博士論文（2023年）、「海外M&AのPMIとコンプライアンス」MARR305号（2020年）、「証券取引等監視委員会によるクロスボーダー課徴金調査—MMoU署名後10年を振り返って—」（共著）旬刊商事法務2177号（2018年）、「引受証券会社への『未行使新株予約権の譲渡価格』の設定」（共著）ビジネス法務2012年4月号（2012年）

M&A保険入門──表明保証保険の基礎知識〔改訂版〕

著　　　者	山 本 啓 太
	関 口 尊 成
発 行 日	2024年2月20日

発 行 所	株式会社保険毎日新聞社
	〒110-0016　東京都台東区台東4-14-8
	シモジンパークビル2F
	TEL 03-5816-2861／FAX 03-5816-2863
	URL https://www.homai.co.jp/

発 行 人	森 川 正 晴
カバーデザイン	塚 原 善 亮
印刷・製本	広研印刷株式会社

Ⓒ2024　YAMAMOTO Keita, SEKIGUCHI Takanari

Printed in Japan

ISBN978-4-89293-474-2